Denzak

Hans-Joachim Eckstein

Wie weit ist es nach Bethlehem?

Adventliches Türöffnen und
weihnachtliches Wundern

SCM

Stiftung Christliche Medien

Der SCM Verlag ist ein Imprint der SCM Verlagsgruppe, die zur
Stiftung Christliche Medien gehört, einer gemeinnützigen Stiftung,
die sich für die Förderung und Verbreitung christlicher Bücher,
Zeitschriften, Filme und Musik einsetzt.

Prof. Dr. Hans-Joachim Eckstein ist Theologe,
Referent und Autor, Poet und Liedkomponist,
www.ecksteinproduction.com

© Copyright 2022:

Hans-Joachim Eckstein – www.ecksteinproduction.com
Verlagsrecht dieser Ausgabe:
SCM Verlag in der SCM Verlagsgruppe GmbH
Max-Eyth-Str. 41 · 71 088 Holzgerlingen
Internet: www.scm-verlag.de · E-Mail: info@scm-verlag.de
Die Bibelstellen wurden eigenständig übersetzt, wo möglich
in Anlehnung an die Lutherbibel, revidiert 2017,
© 2016 Deutsche Bibelgesellschaft, Stuttgart, zitiert.

Umschlaggestaltung: Stephan Schulze, Holzgerlingen
Satz: typoscript GmbH, Walddorfhäslach
Druck und Bindung: GGP Media GmbH, Pößneck
ISBN 978-3-7751-6168-8
Bestell-Nr. 396.168

DAS GEHEIMNIS DER
HEILIGEN NACHT

Rätsel kann man
zu lösen versuchen
und Aufgaben erledigen.

Ein Geheimnis aber
will weder durchschaut
noch bewältigt werden.

Es wird immer größer,
je mehr wir es
erkennen,
und faszinierender,
je tiefer wir darin
eindringen.

EINFÜHRUNG

Manchmal erscheint uns das Naheliegende so fern, und das Vertraute wird uns fremd. Mit der Vorfreude der Adventszeit und dem Glanz von Weihnachten sind wir eigentlich seit Kindertagen vertraut. Sind es die Enttäuschungen über die zu hohen Erwartungen, ist es die alljährliche Hektik und kommerzielle Oberflächlichkeit, die uns der kindlichen Vorfreude auf eines der schönsten christlichen Feste entfremden?

Soweit wir auch von der ursprünglichen Freude über die Geburt Jesu der ersten Zeugen in Bethlehem entfernt sein mögen, es lohnt sich für uns, zu unseren Ursprüngen zurückzufinden. Dabei geht es nicht nur um das Aufspüren unserer Kindheit, sondern um die Wiederentdeckung der Krippe des Kindes, in dem Gott selbst für uns sichtbar und erfahrbar wurde. Es lohnt sich für uns, wenn wir uns erneut – mit den Weisen und den Hirten – auf den Weg nach Bethlehem machen, nicht wegen der Vergangenheit an sich, sondern um ihrer noch uneingelösten Zukunft willen.

In dem vorliegenden Band sind vielfältige Betrachtungen zu Advent und Weihnachten zusammengestellt. Er ist so etwas wie ein »Adventskalender für Erwachsene«. Da die kindliche Ungeduld im Laufe unseres Lebens nicht unbedingt kleiner wird, dürfen auch mehrere »Türchen« am Tag geöffnet werden. Es sind für 24 Adventstage und die Weihnachtszeit bis zum Epiphanias-Fest am 6. Januar dafür genug Abschnitte vorhanden.

Ob ernst und tiefsinnig oder humorvoll und unterhaltsam, ob in Entfaltung biblischer Motive oder in Aufnahme persönlicher Erfahrungen, ob kurz und bündig oder ausführlich – die einzelnen Texte wollen zur Wiederentdeckung der adventlichen Vorfreude und der weihnachtlichen Faszination einladen.

Viele Abschnitte eignen sich zum kurzen Innehalten und Besinnen, andere zum Vorlesen oder schriftlichen Verwenden. Einige mögen in ihrer Materialfülle auch zu Andachten und Gesprächen, zu Bibelarbeiten und Predigten inspirieren – oder zum Rückzug an den Festtagen bei allzu viel Trubel und Lärm »im Stall«.

Abgeschlossen wird die bunte Mischung der zu öffnenden Adventstüren und weihnachtlichen Gedanken mit einer Zusammenstellung der biblischen Belege zu den weihnachtlichen Motiven, zu den Texten der Weihnachtslieder wie auch zu dem Weihnachtsoratorium von Johann Sebastian Bach.

Mit den besten Wünschen für eine erwartungsvolle Adventszeit und ein wesentliches Weihnachtsfest

Hans-Joachim Eckstein

VON DER FREUDE AUF DIE
ANKUNFT DES LEBENS

Die Heiterkeit des Advents
und die Hoffnungsfreude
des Christfestes gehören
zu meinen frühesten und
fröhlichsten Erfahrungen mit
der Helligkeit des Evangeliums.

Lange bevor mein Verstand
die Relativität der Zeit und
allen eigenen Wirkens
zu enträtseln versuchte,
erahnte mein Kinderherz,
wie geheimnisvoll es ist,
wenn Gottes Ewigkeit
aus der Zukunft in unsere
Gegenwart einbricht und all
unsere Vergangenheit erlöst.

Glücklich, wer sich
an die Zukunft erinnert
und zurückfindet zu der
Heiterkeit der Hoffenden,
die das Schönste
noch vor sich wissen.

DRAUSSEN VOR DER TÜR

Stell dir vor,
das Leben steht
vor deiner Tür
und klopft an,
um zu dir
zu kommen –
würdest du
es hören?

Und wenn du es hörtest,
würdest du ihm öffnen
und es zu dir hereinlassen?

Du sagst: »Warum nicht?
Es ist ja das Leben!«

Eben!

»Siehe, ich stehe vor der Tür und klopfe an.
Wenn jemand meine Stimme hören wird und
die Tür auftun, zu dem werde ich hineingehen
und Mahl mit ihm halten und er mit mir.«

Offenbarung 3,20

NOVEMBER-GEDANKEN

Licht war,
und was bleibt,
ist die Nacht.

Glücklich,
wem nach
allem Dunkel
ein Morgen
beschieden.

NUR DAS BESTE

Warum sandte Gott
zu unserer Erlösung
nicht einen weiteren
Propheten oder einen
seiner zahlreichen Engel,
sondern seinen einzigen,
über alles geliebten Sohn?

Wenn es um seine
Menschen geht,
dann ist Gott
das Beste
gerade gut genug!

Röm 5,8, 8,3; Gal 4,4

LICHT IN DER NACHT

Es mag noch
manches Dunkel
auf uns warten,
doch strahlt am Himmel
als ein heller Schein
dein Wort, dass du uns
liebevoll begleitest.
Du willst als Licht des
Lebens bei uns sein.

»Das Volk, das im
Finstern wandelt,
sieht ein großes Licht,
und über denen,
die da wohnen
im finsteren Lande,
scheint es hell.«

Jes 9,1

IM LICHT DES ADVENTS

Als Hoffende
leben wir
nicht länger
nur im Schatten
unserer
Vergangenheit,
sondern schon
im Licht
der Zukunft
Gottes mit uns.

DAS SCHÖNSTE AM ADVENT
IST WEIHNACHTEN

Es ist das Geheimnis
der Adventszeit,
dass sie uns schon
erfüllt und bewegt,
obwohl das, was
sie ankündigt und
freudig verheißt,
noch gar nicht da ist.

Wer das Schönste
in der Zukunft
noch vor sich weiß,
der kann das Schöne
schon gegenwärtig
zuversichtlich genießen.

Und wer auf Wesentliches
vertrauensvoll hinlebt,
der kann Unwesentliches
viel gelassener ertragen.

In Gestalt der Hoffnung ist
das Kommende schon da,
bevor es eintrifft;
und in der Zuversicht
ist die Zukunft schon
gegenwärtig wirksam.

Man sagt, die Vorfreude
sei die schönste Freude.
In Wahrheit aber lebt die
Zuversicht der Vorfreude
von der Überzeugung, dass
ihre kommende Erfüllung
die allerschönste Freude ist.

Es geht nichts über eine
gewisse Hoffnung und ein
begründetes Vertrauen.

»Freue dich und sei fröhlich,
du Tochter Zion!
Denn siehe, ich komme
und will bei dir wohnen,
spricht der Herr.«

Sach 2,14

DAS LEBEN ANZÄHLEN –
ODER: 10, 9, 8, 7 …

Haben wir nicht
schon als Kinder
die Tage bis
Weihnachten
und bis zur
ersehnten
Bescherung
rücklaufend
gezählt?
Nur noch
10, 9, 8, 7
Tage, bis
endlich …!

Für die
Hoffenden
geht die Uhr
rückwärts.

Ihr Leben
und ihre Zeit
gehen nicht
einfach vorbei,
sie laufen *an*.

DIE FREUDE DES ADVENTS

Vorfreude ist die Fähigkeit,
vor Freude außer sich zu sein,
obwohl der Grund zur Freude
noch gar nicht bei einem ist.

Vorfreude ist die Kunst,
die angenehmen Folgen
der Erfüllung
schon real zu erleben,
bevor die Voraussetzungen
des Glücks sich überhaupt
verwirklicht haben.

Vorfreude ist eine
bewegende Erfahrung,
bei der die Wirkung
der Ursache zuvorkommt!

ALS SILBERSTREIF
AM NOVEMBER-HIMMEL
AM VORABEND DES ADVENTS

Mögen uns auch
im vergangenen Jahr
manche ungelöst
erscheinenden
Rätsel sprachlos
gemacht haben,
so erinnert uns die
Feier des Advents und
der bevorstehenden
Ankunft unseres Herrn
doch wieder an das
wesentliche *Geheimnis*,
das unsere Zunge löst und
uns wie einst Zacharias
befreit loben lässt.

Es ist das Geheimnis der
hellen Zuversicht und
belebenden Freude, die
die »herzliche Barmherzigkeit
unseres Gottes« mit seinem
Erscheinen in uns wecken will.

»Durch die herzliche
Barmherzigkeit unseres Gottes,
durch die uns besuchen wird das
aufgehende Licht aus der Höhe,
auf dass es erscheine denen,
die sitzen in Finsternis
und Schatten des Todes…«

(Benedictus, Lk 1,68-79, hier 78 f.)

MACHT HOCH DIE TÜR,
DIE TOR MACHT WEIT

Als Kinder liebten wir es, an unseren Adventskalendern Türen zu öffnen – voller Erwartung und Vorfreude auf das Kommende. Advent bedeutet »Ankunft«, und an Weihnachten feiern wir das Kommen Gottes in diese Welt.

Mit den vier Adventssonntagen werden uns gleich vier Aspekte des Kommens Gottes in Person seines Sohnes, Jesus Christus, vor Augen gestellt und nahegebracht.

1. Aspekt: das Kommen Gottes in Gestalt der Geburt Jesu Christi in Bethlehem, das wir an Weihnachten feiern;

2. Aspekt: das für die Jünger überraschende »Wiederkommen« ihres Herrn in Gestalt des Auferstandenen am Ostersonntag (Johannes 14–21) und in Gestalt seines Geistes für seine Gemeinde an Pfingsten (Lukas 24 und Apostelgeschichte 2);

3. Aspekt: das Kommen Jesu Christi in das Herz und Leben eines jeden von uns als an ihn Glaubende (Johannes 14,17f.20.23; 15,4f.; Römer 8,10; Galater 2,20; Kolosser 1,27; Offenbarung 3,20);

4. Aspekt: das endgültige und für alle sichtbare Kommen Jesu Christi als des Herrn der Welt und der Geschichte zur endgültigen Durchsetzung der liebevollen und gerechten, der gnädigen und zurechtbringenden Herrschaft seines Vaters. Angesichts der Weltsituation und vielleicht auch eigener leidvoller Erfahrungen wünschen wir den Tag dieses letzten Advents Gottes sehnsüchtig herbei.[1]

Auf das Kommen Gottes an Weihnachten, Ostern und Pfingsten dürfen wir freudig und dankbar im Evangelium zurückschauen – es war die alles verändernde und unsere Gegenwart erfüllende *Vergangenheit*.

Dem Kommen Gottes in Gestalt der Wiederkunft seines Sohnes am Jüngsten Tag dürfen wir freudig und erwartungsvoll entgegenschauen – es ist die alles verändernde und unsere Gegenwart erfüllende *Zukunft*.

Die alle Vergangenheit und Zukunft verändernde *Gegenwart* ist Gottes Kommen in unser eigenes Leben und Herz. Es ist die grundlegende und immer wieder alles erneuernde Advents- und Weihnachtserfahrung des Kommens Gottes zu uns ganz persönlich und in alle unsere Lebensbezüge.

24

Mögen wir es – bei aller verständlichen Verunsicherung und persönlich begründeten Verschlossenheit – wieder neu lernen, in kindlicher Freude und Zuversicht die Türen zu öffnen!

»Machet die Tore weit und die Türen in der Welt hoch, dass der König der Ehre einziehe! Wer ist der König der Ehre? Es ist der HERR[2] Zebaoth; er ist der König der Ehre.«

Ps 24,9-10

GANZ PERSÖNLICH

In Christus kam
Gott ganz
per-söhn-lich
auf die Welt.

Denn wie könnte
er seine Liebe
verbindlicher
und herzlicher
erweisen als
in der Sendung
und Hingabe
seines eigenen
und einzigen
Sohnes.

Per-*söhn*-licher
geht es nicht.

Joh 3,16; 1. Joh 4,9f.;
Röm 5,8; 8,32

ADVENT – ANKUNFT DES KOMMENDEN

Ich hör mich neue Lieder singen
und seh mich neue Wege gehen;
und was mir leid und lästig wurde,
das will mir wie von selbst gelingen.

Als könnte ich die Hoffnung spüren,
bevor ich sie von ferne sehe;
als würde mich bereits beglücken,
was noch verborgen hinter Türen.

Im tiefen Winter Frühling ahnen,
selbst in der Nacht die Sonne fühlen,
noch frierend schon das Feuer hören –
muss da der Zweifel mich nicht mahnen?

Zwar kann ich noch nicht vor dir stehen,
doch spiegelt sich in meinen Augen
bereits die Zuversicht und Freude
all derer, die dich einmal sehen.[3]

FREUST DU DICH AUCH SCHON?

Woher kommt die
Leichtigkeit und
Beschwingtheit
der Adventszeit?

Es ist das Geheimnis
der zuversichtlichen,
gewissen Vorfreude!

*Vor*freude bewirkt,
dass wir *vor Freude*
Unabwendbares
leichter ertragen
und Notwendiges
besser und schneller
erledigen können.

Denn die Vorfreude
relativiert und
motiviert zugleich.

So beschwingt
und trägt uns die
Weihnachtsbotschaft

der Engel schon, bevor
ihre Verkündigung uns
in der Heiligen Nacht
mit den Hirten
auf dem Felde
erneut beflügelt.

Lk 2,8-14

ADVENTSZEIT IST DIE
ZEIT DER HOFFNUNG

Eine Hoffnung, die bei
unserer gegenwärtigen
Erfahrung stehen bleibt,
geht nicht weit genug.
Denn Ziel und Inhalt der Hoffnung
ist die noch nicht erlebte Zukunft.

Eine Hoffnung, die unsere
erfahrbare Gegenwart nicht
tief greifend verändert,
ist noch nicht wirklich
aus der Zukunft
bei uns angekommen.
Denn da, wo Hoffnung einkehrt,
verwandelt sie die Gegenwart.

Die Hoffnung liebt es
nämlich über alles,
auf ihrem Heimweg
in die Zukunft
in unserer Gegenwart
Quartier zu nehmen.[4]

FRÜHER WAR MEHR LAMETTA

Unsere Erinnerungen
an gestern enthalten
viel mehr morgen, als
uns heute bewusst ist.

Diese *erinnerte Zukunft*
will aber von uns selbst
gegenwärtig
entfaltet werden,
sonst bleibt sie
Vergangenheit.

Überschrift nach Loriot

ADVENTSFREUDE IST
UNVERKÜRZTE FREUDE

Vorfreude ist die
Vermeidung von
Zeitverschwendung.

Wenn etwas, was uns
morgen erfreuen wird,
schon heute gewiss ist,
warum sollten wir die
Zeit der Erfüllungsfreude
dann selbst künstlich
verkürzen wollen?

DAS GEHEIMNIS DER
ANLAUFENDEN ZEIT

Mag uns im Alltag auch oft
die Zeit ausgehen und
unser Leben mit jedem so
schnell vergehenden Jahr
unumkehrbar ablaufen,
so kennen wir doch von
Kindesbeinen an auch die
wunderbare Erfahrung der
wachsenden Vorfreude und der
anlaufenden Zeit der Erfüllung.

Bis November vergeht die Zeit,
und das Jahr neigt sich seinem
kalten und dunklen Ende zu.
Aber schon mit der Adventszeit
und ungeachtet aller Finsternis
beginnt für uns als Gemeinde Jesu
schon das neue Jahr und die
kommende Zeit der Erfüllung.
In freudiger Erwartung und
ermutigender Zuversicht leben
wir nicht mehr *ab*, sondern *an*.

Schon für die ersten Christen ist
mit ihrem dringlichen Gebetsruf:

»Unser Herr, komm!« (1. Kor 16,22),
die feste Gewissheit verbunden,
dass ihre Zeit und Geschichte
in Wahrheit nicht abläuft,
sondern zunehmend anläuft.
Wie erwartungsvolle Kinder
in der anlaufenden Adventszeit
fiebern und leben sie ihrem
kommenden Herrn entgegen.

Aus zeitlicher Sicht mögen sie
von Tag zu Tag älter werden.
Aus Sicht der Ewigkeit und der
ersehnten Ankunft ihres Herrn
werden sie aber bis zum
Jüngsten Tag immer jünger.

»Darum werden wir nicht müde;
sondern wenn auch unser
äußerer Mensch verfällt,
so wird doch der innere
von Tag zu Tag erneuert.«

»Denn jetzt ist unser Heil
viel näher als damals,
als wir gläubig wurden.«

2. Kor 4,16, Röm 13,11

DIE ANKUNFT DES KÖNIGS

Das Wort *adventus* steht
im Lateinischen für die
feierliche Ankunft eines
inthronisierten Königs
oder siegreichen und
erhabenen Herrschers.

Da wir seit Kindertagen das
Weihnachtsfest mit der
Freude an dem kleinen
und zierlichen Jesuskind
in der Krippe verbinden,
mögen wir mitunter vergessen,
dass die ursprüngliche Freude
der Geburt des neuen *Königs*
und mächtigen *Herrschers* gilt,
der Gottes Frieden und Heil
gerecht durchsetzen soll.

So wird schon Maria vom Engel
nicht nur die wunderbare Geburt
ihres Kindes angesagt, sondern
zugleich dessen göttliche
Herkunft und Bestimmung.
Ihr Sohn soll die verheißene
heilvolle Herrschaft Gottes

persönlich verwirklichen.
»Der wird groß sein und Sohn
des Höchsten genannt werden;
und Gott der Herr wird ihm den
Thron seines Vaters David geben,
und er wird König sein über
das Haus Jakob in Ewigkeit, und
sein Reich wird kein Ende haben.«

Weise aus dem Morgenland
suchen das Jesuskind als
den neugeborenen *König*;
sie sahen seinen Stern
und sind gekommen, um
ihn kniefällig zu verehren
und ihn freudig anzubeten.

Darin hat sogar der unselige
und verblendete König Herodes
noch klar gesehen, dass der in
Bethlehem geborene Christus
seiner unmenschlichen Herrschaft
bald gefährlich werden könnte.

»Siehe, dein König kommt zu dir,
ein Gerechter und ein Helfer.«

Lk 1,31-33; Mt 2,1-12; Sach 9,9

DER STERN VON BETHLEHEM
A STAR IS BORN

»Ich sehe ihn, aber nicht jetzt;
ich schaue ihn, aber nicht von Nahem.
Es wird *ein Stern* aus Jakob aufgehen
und ein Zepter aus Israel aufkommen.«

Den Bileam als »Hörer göttlicher Rede«
zum Segen von Israel verheißen durfte
und der als Messias von Gottes Volk
schon lange erwartet wurde, der ist –
begleitet von dem Zeichen seines
wundersamen Sterns am Himmel –
dieser Welt als helles Licht und
leuchtender Morgenstern erschienen.

Wer ihn sieht und ihm folgt, der geht dem
Tag seines vollkommenen Heils entgegen.

»Ich bin die Wurzel
und das Geschlecht Davids,
der *helle Morgenstern* …
Ja, ich komme bald. –
Amen, komm, Herr Jesus!«

4. Mose 24,17; Offb 22,16.20

ÜBERWÄLTIGENDE LIEBE

Hätte Gott die
Macht seiner Liebe
überwältigender
erweisen können
als in Gestalt
eines ohnmächtigen
und auf Beziehung
angewiesenen Kindes?

Gewalt mag bezwingen
und unterwerfen,
aber Liebe überwindet
und gewinnt ohne Zwang.

Der mächtigste aller Könige
wurde in einem Stall geboren.

Lk 2,7.11 f.; Joh 3,16; 1. Joh 4,9

DEIN KÖNIG KOMMT ZU DIR,
EIN GERECHTER UND EIN HELFER

Gott
Gott richtet
Gott richtet mich
Gott richtet mich in Christus
Gott richtet mich in Christus auf

Joh 3,16-18; 5,24; Röm 3,24.28; 8,28-39

O HEILAND, REISS DIE HIMMEL AUF

Die »Himmelsleiter«,
die Himmel und Erde
miteinander verbindet,
wird von oben
nach unten gebaut –
und nicht umgekehrt!

Es ist noch nie
ein Mensch
von sich aus
in den Himmel
gekommen;
aber in Christus
kam Gott
von sich aus
auf die Erde,
um uns aus Liebe
den Weg zu ihm
zu eröffnen.

»Niemand ist in den
Himmel hinaufgestiegen
außer dem, der
aus dem Himmel
herabgestiegen ist,
der Menschensohn.«

»So sehr hat Gott
die Welt geliebt,
dass er seinen
einzigen Sohn gab,
damit jeder,
der an ihn glaubt,
nicht verloren geht,
sondern das
ewige Leben hat.«

Jes 63,19 – 1. Mose 28,12 – Joh 1,51; 3,13.16
O Heiland, reiß die Himmel auf, EG 7,1-7

ES IST EIN ROS ENTSPRUNGEN
AUS EINER WURZEL ZART

Wer kann diese geistlichen Weihnachtslieder hören, ohne nicht tief berührt und andächtig zu werden? Wer fühlte sich nicht unwillkürlich hineingenommen in die singende Gemeinschaft, die an allen Orten und zu allen Zeiten an Weihnachten die Geburt ihres Herrn, Jesus Christus, feiert? Dabei sind die dem Lied zugrunde liegenden Worte des Propheten Jesaja eigentlich gar nicht so romantisch und festlich gemeint, wie wir uns weihnachtlich gestimmt vorfinden.

»Ein Reis wird aus dem Baumstumpf Isais hervorgehen, und ein junger Trieb aus seinen Wurzeln hervorsprießen. Und auf ihm wird ruhen der Geist des HERRN, der Geist der Weisheit und des Verstandes, der Geist des Rates und der Stärke, der Geist der Erkenntnis und der Furcht des HERRN.« (Jesaja 11,1f.)

Die leiblichen Nachkommen Davids sind zur Zeit Jesajas längst nicht mehr die Könige, die Gottes Gerechtigkeit und Recht verkörpern; und das Volk Israel geht durch seinen Mangel an Gottesfurcht und Gottvertrauen wohl seiner eigenen Katastrophe entgegen. Kann es einen Neuanfang mit diesen menschlichen Repräsentanten geben? Kann der einfache Austausch von Personen die entscheidende Wende weg vom Verheeren bewirken?

So werden wir Zeugen der frühen Messias-Verheißungen Gottes an Israel, mit denen er ihnen einen grundsätzlichen Neubeginn zusagt. Selbst wenn der »Baum« des Volkes und der »Stammbaum« der Davididen durch menschliche Schuld gefällt werden, so sollen Gottes Verheißungen an sein Volk und an David doch nicht hinfallen. Dann wird er an seine Erwählung und Berufung Davids *neu* anknüpfen und aus der *Wurzel* Davids, dem Sohn Isais, einen neuen Spross hervorwachsen lassen, der Gottes guten Willen für sein Volk verantwortlich vertritt und durch den Gott unter ihnen gegenwärtig sein kann.

Doch dieser wahre Gesalbte und Messias muss erst noch geboren werden und findet sich nicht unter den schon lebenden Menschen. »Darum wird euch der Herr selbst ein Zeichen geben: Siehe, eine Jungfrau ist schwanger und wird einen Sohn gebären, den wird sie nennen Immanuel.« (Jesaja 7,14)

Was die auf Gott Vertrauenden erwarten dürfen, ist mehr, als ein menschlicher Nachkomme Davids je verkörpern konnte. Denn Gottes Gesalbtem wird eine Herrschaft zugeschrieben, die die bisherigen Begrenzungen sprengen soll und eher an Gottes als an menschliche Eigenschaften erinnert.

»Denn uns ist ein Kind geboren, ein Sohn ist uns gegeben, und die Herrschaft ist auf seiner Schulter; und er heißt Wunder-Rat, Gott-Held, Ewig-Vater, Friede-Fürst; auf dass seine Herrschaft groß werde und des Friedens kein Ende auf dem Thron Davids und in seinem Königreich, dass er's stärke und stütze durch Recht und Gerechtigkeit von nun an bis in Ewigkeit. Solches wird tun der Eifer des HERRN Zebaoth.« (Jesaja 9,5f.)

Ob die ersten Hörer der prophetischen Verkündigung all diese messianischen Aussagen in ihrer umfänglichen Bedeutung wohl ermessen konnten? Wir selbst jedenfalls haben das Vorrecht, die Erfüllung dieser geheimnisvollen Verheißungen und die Geburt dieses einzigartigen Kindes gemeinsam zu feiern. Und sollte uns nicht mehr voll bewusst sein, dass wir bereits in der Zeit der Erfüllung leben und diese Herrschaft Gottes schon erfahren dürfen, erinnert uns der gemeinsame festliche Gesang an unsere Wurzeln der göttlichen Verheißung:

»Das Blümlein, das ich meine, davon Jesaja sagt, hat uns gebracht alleine Marie, die reine Magd; aus Gottes ewgem Rat hat sie ein Kind geboren, welches uns selig macht.«

Es ist ein Ros entsprungen, EG 30,1.2

DU HAST GNADE BEI GOTT GEFUNDEN

»Sei gegrüßt, du Begnadete!
Der Herr ist mit dir!«, waren
die Worte, die das schönste
und heilvollste Ereignis der
ganzen Geschichte Gottes mit
seinem Volk einleiten sollten.

Kann etwas Einzigartiges
für uns vorbildlich sein?
Kann etwas Einmaliges
allgemein Gültiges
veranschaulichen?

Es lag nicht nur an ihrer
Jugend mit ihren kaum
vierzehn Jahren, dass
Maria erschrak und
sich über Gottes Plan
mit ihr verwunderte.[5]

Wie sollte sie verstehen,
dass Gott gerade sie in
ihrer Unscheinbarkeit
dazu ausersehen hatte,

Mutter des Gottessohns
auf Erden zu werden?

Was zeichnete sie aus,
was machte sie würdig,
in einen solchen Segen
einbezogen zu werden
und Teil eines solchen
heilvollen Handelns
Gottes zu sein?

Wer durfte je Gott leibhaftig
in sich Wohnung gewähren
und seinen Herzschlag spüren?

Wer konnte jemals mit Jesus
so unmittelbar in Liebe und
Fürsorge verbunden sein?

Wem gegenüber zeigte sich
der König des ewigen Reiches
so schwach und angewiesen?

Wir fragen nach dem Grund
dieser Würde und Auszeichnung?
»Fürchte dich nicht, Maria, du
hast Gnade bei Gott gefunden.«

Das Geheimnis der Erwählung
und des Segens Gottes ist
immer und ausschließlich
in Gott selbst und seiner
Liebe und Gnade begründet.

Gott liebt uns nicht, weil und
insofern wir uns als würdig
und hervorragend erweisen,
sondern wir erfahren eine
unglaubliche Wertschätzung,
Auszeichnung und Bedeutsamkeit
gerade darin, dass uns Gott so liebt.

Hierin liegt das allgemein Gültige
der einzigartigen Erwählung Marias
und die alle inspirierende Wahrheit
des einmaligen Heilsgeschehens.

»Meine Seele erhebt den Herrn,
und mein Geist freuet sich
Gottes, meines Heilandes;
denn er hat die Niedrigkeit
seiner Magd angesehen …
Er hat Großes an mir getan,
der da mächtig ist und
dessen Name heilig ist.«

Lk 1,28-30.46-49

ES BEGAB SICH ABER ZU DER ZEIT

Schon mit den ersten Worten
der Weihnachtsgeschichte
werden wir eingeladen,
einer Erzählung zu folgen,
einem Bericht von Ereignissen,
die schon lange zurückliegen.

Dabei sind wir gegenwärtig
noch ganz in unserem
»Hier und Jetzt« gefangen.
Wurden wir nicht auch
in diesem Jahr wieder
von dem bestimmt, was
Stunden und Augenblicke,
Sorgen und Zwänge uns
immerzu abverlangten?

Hier im Evangelium aber
werden wir ermutigt,
herauszutreten und
Abstand zu gewinnen,
um Neues wahrzunehmen.

Die Ankündigung der Freude,
die auch uns widerfahren soll,
beginnt mit der Einladung

zur *Selbstdistanzierung*:
»Es begab sich aber zu der Zeit ...«

Wir, die wir uns an unser
»Hier und Jetzt« verlieren,
werden an unser eigenes
»Dort und Dann« erinnert,
um uns selbst wiederzufinden.

Das »Heute« der Heiligen Nacht,
in dem uns der Heiland geboren ist,
vergegenwärtigt uns den eigenen
Ursprung unserer Hoffnung und
die Ursache unseres Friedens.

»Ehre sei Gott in der Höhe
und Friede auf Erden bei den
Menschen seines Wohlgefallens.«

Lk 2,1.10f.14

WIE SOLL ICH DICH EMPFANGEN?

Gott erwartet
in seiner Liebe
nichts von uns,
was er uns
in seiner Gnade
nicht selbst
schenken würde.

UNBEDINGTE LIEBE

Aufgrund seiner
unbedingten und
unbezahlbaren Liebe
will Gott *unbedingt*
und um jeden Preis
mit uns Menschen
zusammen sein.

Spätestens seitdem
Gott sogar seinen
»geliebten Sohn« –
und damit das für
ihn Wertvollste –
in die Welt gesandt hat,
um uns zu erreichen,
ist dies zur festen
Gewissheit geworden.

Joh 3,16; 1. Joh 4,9f.

SO SEHR HAT GOTT DIE WELT GELIEBT ...

Wenn wir uns selbst
nur für eine Sekunde
mit den Augen
der Liebe Gottes
sehen könnten,
dann hätten sich
unsere Selbstzweifel
gleich für eine
ganze Ewigkeit
verflüchtigt.

JESUS HELD
WAS ER VERSPRICHT

»Denn uns ist ein Kind geboren, ein Sohn ist uns gegeben, und die Herrschaft ist auf seiner Schulter; und er heißt Wunder-Rat, Gott-**Held**, Ewig-Vater, Friede-Fürst; auf dass seine Herrschaft groß werde und des Friedens kein Ende auf dem Thron Davids und in seinem Königreich.«   *Jesaja 9,5f.*

»Gürte dein Schwert an die Seite, du **Held**, und schmücke dich herrlich! Es soll dir gelingen in deiner Herrlichkeit. Zieh einher für die Wahrheit in Sanftmut und Gerechtigkeit, so wird deine rechte Hand Wunder vollbringen.«   *Psalm 45,4f.*

»Es wird das Zepter von Juda nicht weichen noch der Stab des Herrschers von seinen Füßen, bis dass der **Held** komme, und ihm werden die Völker anhangen.«
1. Mose 49,10

»Aber der Herr ist bei mir wie ein starker **Held**.«
Jeremia 20,11

JESUS CHRISTUS – EIN GEHEIMNIS

Das Geheimnis der Person
und des Wirkens Jesu liegt
nicht in der Verklärung
göttlicher Möglichkeiten
eines sterblichen Menschen,
sondern in der Verherrlichung
der menschlichen Wirklichkeit
des ewigen und wahren Gottes.

Das hohe Bekenntnis
des Evangeliums zu Christus
spricht nicht etwa davon,
dass in Jesus von Nazareth
ein Mensch wie du und ich
durch seine Tugenden und
Leistungen göttlich wurde.

Vielmehr wurde Gott in
seinem Sohn wahrhaftig
ein sterblicher Mensch,
wie wir es sind, sodass wir
schon an dem kleinen Kind
in der Krippe in Bethlehem
Gottes herrliche Liebe und
Gnade erkennen können.

»Und das Wort wurde Fleisch
und wohnte unter uns, und
wir schauten seine Herrlichkeit,
eine Herrlichkeit als des
einziggeborenen Sohnes vom Vater,
voller Gnade und Wahrheit.«

Joh 1,14

VORAUSSETZUNGSLOS,
ABER FOLGENREICH

Was sollte Gott tun,
als alle seine guten Gebote
und begründeten Mahnungen
uns immer noch nicht zur
notwendigen Besinnung
veranlassen konnten?

Er schickte keinen neuen
Verkünder des Gesetzes
und keinen weiteren
Gerichtspropheten,
sondern sandte
als Ausdruck seiner
unbedingten Liebe
seinen einzigen Sohn.

Es gibt keinen
stärkeren Imperativ
als den Indikativ
der Liebe!

Denn nichts ist für uns
motivierender und
überwältigender

als die Erfahrung
uneingeschränkter
Zuwendung.

Sie ist – gerade indem
sie voraussetzungslos
und bedingungslos gilt –
für uns so folgenreich
und prägend wie
kein anderes Erleben.[6]

DENN EUCH IST HEUTE
DER HEILAND GEBOREN

Nicht der eigene
menschliche Glaube
kann uns selbst
heilen und retten,
sondern der Retter
schenkt uns Menschen
den heilsamen Glauben.

Er ist der Heiland,
wir sind die Geheilten;
er ist der Retter,
wir die im Glauben
an ihn Geretteten.

Wir müssen nicht
zuerst glauben, damit
unser Herr und Heiland
an uns wirken kann,
sondern wir können
deshalb glauben, weil
er bereits an uns wirkt.

»Sie wird aber einen
Sohn gebären,
und du sollst ihm den

Namen Jesus geben,
denn er wird sein Volk
retten von ihren Sünden.«

»Der HERR, dein Gott,
ist bei dir, ein
starker Heiland –
ein rettender Held.
Er wird sich über
dich freuen und
dir freundlich sein,
er wird dir vergeben
in seiner Liebe und
wird über dich mit
Jauchzen fröhlich sein.«

»Ich, ich bin der HERR,
und außer mir
ist kein Heiland.«

Mt 1,21; Zeph 3,17; Jes 43,11

VON KINDESBEINEN AN
ZULETZT DIE ERSTE LIEBE

Du bist mir, Christus,
schon seit meiner
frühesten Kindheit
durch die freudige Feier
deines jährlichen
Geburtstags bekannt.

Und lange bevor ich
dir zu vertrauen und
zu folgen lernte,
dachte ich von
diesem Jesuskind
und seiner ganz
besonderen Geburt das
Wichtigste zu wissen.

Aber je mehr ich dich
im Laufe meines Lebens
verstehe, desto
weniger meine ich,
dich schon zu kennen;
und je mehr ich
von dir erfahre,
desto gespannter
bin ich auf dich.

Je vertrauter du mir wirst,
desto größeren Respekt
empfinde ich vor dir;
und bei allem Enträtseln
wirst du selbst mir
doch immer mehr
zum faszinierenden
Geheimnis.

Ich glaube, Herr, dass ich in
dieser weihnachtlichen Zeit
der schönen Widersprüche
zuletzt noch erfahre,
was die »erste Liebe« ist.

1. Kor 8,3; 13,8.12; Gal 4,9; Offb 2,4

WIE WEIT IST ES NACH BETHLEHEM?

Die Hirten kamen vom Felde,
um die Geschichte zu sehen,
die dort geschehen war;
und die Weisen reisten –
geführt von seinem Stern –
aus dem fernen Morgenland
zu dem Jesuskind in der Krippe.

Wie weit mag uns wohl
der Weg zu Gott und
seinem Sohn erscheinen?

Wie finden wir zu Gott zurück,
wenn wir erkennen, dass wir uns
von ihm durch unser Verhalten
oder durch Unachtsamkeit
getrennt haben?

Wir brauchen uns ihm
nur erneut zuzuwenden.
Denn wie weit wir selbst uns
auch von Gott entfernt haben,
er hat sich nicht von uns entfernt.

Mögen wir uns auch *tausend* Schritte
von Gott wegbegeben haben,
so bedarf es dank der Liebe und
Vergebungsbereitschaft Gottes
nur *eines einzigen* Schrittes,
um zu ihm zurückzukehren.

Zu dem Ort der Gegenwart Gottes
müssen wir nicht lange reisen,
wir dürfen uns einfach an ihn,
den uns Zugewandten, wenden.

Lk 2,8-20; Mt 2,1-12

VOLLKOMMENE LIEBE,
WACHSENDE ERKENNTNIS

Mehr lieben kann
uns Gott gar nicht
als bei der Sendung
seines Sohnes zu uns
in unsere Welt.

Aber *wir* können
jede Weihnachten
immer mehr erkennen,
wie *sehr* er uns liebt.

DAS GESCHENK DER LIEBE
UND DIE LIEBE DER BESCHENKTEN

Da unsere Liebe zu Gott in dem
Geschenk der Liebe Gottes
zu uns gründet, wächst
unsere Liebe zu Christus
in dem Maße, wie wir uns
von ihm beschenken lassen.

Was sind dann die Schätze,
die wir dem Kind in der Krippe –
wie einst die Weisen aus
dem fernen Morgenland –
in Anbetung von Herzen
öffnen können?

Es mögen auch Gaben sein,
die uns selbst als wertvoll
und heilsam erscheinen – wie
Gold, Weihrauch und Myrrhe.

Aber da der Sohn Gottes
nicht zur Welt kam,
um sich dienen zu lassen,
sondern um zu dienen und
sich selbst in Liebe zu schenken,
ist er noch mehr an uns selbst

und unserer persönlichen Offenheit
und Empfangsbereitschaft interessiert.

Wertvoller als Gold ist ihm unsere
Wahrhaftigkeit im Angewiesensein;
und noch heilsamer als Weihrauch
und Myrrhe ist für uns die Bereitschaft,
ihn als den »neugeborenen König«
von Herzen herrschen zu lassen.

Wer seinem Stern folgt,
um ihn anzubeten,
der findet sowohl *ihn*
als auch *sich selbst* –
den in Wahrheit
Beschenkten.

»Da sie den Stern sahen,
wurden sie hocherfreut
und gingen in das Haus
und sahen das Kindlein
mit Maria, seiner Mutter,
und fielen nieder und
beteten es an und
öffneten ihre Schätze
und schenkten ihm Gold,
Weihrauch und Myrrhe.«

Mt 2,1 f.10 f.; 20,28; Ps 72,10 f.; Jes 60,3.5 f.

DIE LEIBHAFTIGE LIEBE UND DAS
MENSCH GEWORDENE LEBEN

Was war das Geheimnis
der Person Jesus Christus
seit seiner Geburt dort im Stall?

Warum strömten Menschen
in Scharen zu ihm?
Was fanden sie in der
Beziehung zu ihm,
was sie niemals mehr
verlieren wollten?

Nicht nur was er
tat und sagte,
sondern was er als
Person verkörperte,
ließ Jesus für die,
die zu ihm kamen, als
einzigartig erscheinen.

Von der Krippe bis zum Kreuz
war es die Unmittelbarkeit
seiner Beziehung zu Gott,
die Gewissheit der Existenz und
der Liebe des himmlischen Vaters,
die Jesus in den Menschen hervorrief.

ES IST WEIHNACHTEN
AUS DEM MUNDE DER JUNGEN KINDER ...

Geburtstag, Geburtstag!
Jesus, du hast Geburtstag –
ich mein jetzt nicht in Ewigkeit,
sondern bei uns in Raum und Zeit.

Du kamst herab zu uns auf Erden
und wolltest für uns greifbar werden.
Du wurdest Mensch, wie wir es sind,
und bist geboren als ein Kind.

Jetzt können wir die Liebe sehen,
die wir an deiner Krippe stehen.
Wir freuen uns an deinem Licht,
Gott zeigt in dir sein Angesicht.

Liebevoll beten wir dich an
für das, was du für uns getan.
Mit Freuden gratulieren wir
uns selbst nicht weniger als dir.

Ps 8,3; Mt 21,16

Matthäus 21,16:
»Hörst du auch, was diese sagen?
Jesus sprach zu ihnen: Ja!

Habt ihr nie gelesen (Psalm 8,3):
›Aus dem Munde der Unmündigen
und Säuglinge hast du dir Lob
bereitet‹?«

ALLES GUTE ZUM GEBURTSTAG!

Bei welcher Feier
des Geburtstags
einer *anderen* Person
werden wir selbst noch
reicher beschenkt
als an unserem
eigenen Geburtstag?

Richtig, an Weihnachten!

Dabei geht es gar nicht nur
um die vielen Geschenke,
die uns liebe Menschen
zum Christfest machen,
sondern darum, dass
mit der Geburt Jesu
Gott selbst sich
uns geschenkt hat.

Da bekommt der Glückwunsch
doch noch einen viel tieferen Sinn:
Alles Gute zum Geburtstag!

DANN IST CHRISTFEST

Was passiert,
wenn das Leben
den Tod nicht scheut
und das Licht in die
Finsternis kommt?

Was geschieht,
wenn die Wahrheit
die Unwahrheit
Lügen straft und
die gewaltlose Liebe
alle Macht überwältigt?

Was ist, wenn der Weg
seinen Weg zu den
Ausweglosen findet
und der suchende Hirte
zu seinen geliebten
verlorenen Schafen?

Was ist los, wenn nicht
einmal der Tod überlebt,
aber den Toten in den
Gräbern plötzlich Tür
und Tor offenstehen?

Dann ist Weihnachten,
Karfreitag und Ostern –
in einer Person.

Dann ist Gott
in Jesus Christus
Mensch geworden
und hat all das
auf sich genommen
und überwunden,
was das Geschöpf
von seinem Schöpfer
trennen wollte.

Joh 1,1-18; 6,35; 8,12; 10,7-14;
11,25; 14,6; 15,1.5

SCHÖNE WEIHNACHTEN!

Die in jener
heiligen Nacht
erwiesene Liebe
ist nicht etwa
zu schön, um
wahr zu sein,

sondern sie ist
zu wahr, um
nicht als *schön*
erkannt zu werden.

WIR HABEN SEINEN STERN GESEHEN

Was immer wir auch von
Gott in der Schöpfung
oder in den Ereignissen
erahnen mögen,
eindeutig lässt sich Gott
weder in der Natur
noch in der Geschichte
noch in der eigenen
Wahrnehmung
erkennen und sehen,
sondern allein
in seinem Sohn
Jesus Christus.

»Niemand hat Gott
jemals gesehen;
der Einziggeborene,
der selbst Gott ist,
der in des
Vaters Schoß ist,
er hat Kunde von
ihm gebracht.«

Joh 1,18; 6,46; 12,45; 14,7-9

WER BRACHTE DEM MESSIAS
DAS LAUFEN BEI?

Wer lehrte Jesus die Sprache, in der er später so schön
und verständlich und gewinnend das Evangelium
von der Nähe der Gottesherrschaft verkündigte?

Wer brachte dem Jesuskind wohl einst das Laufen
bei, das dann in der Vollmacht des Sohnes Gottes
über das Wasser des stürmisch aufgewühlten Meeres
ging? Hat doch Wasser bekanntlich selbst für einen
gelernten Zimmermann keine Balken!

Wer schulte die jungen Hände zu greifen und zu halten, zu fühlen und zu gestalten, mit denen der Heiland das Brot brach und verteilte, die Kinder segnete
und herzte, die Kranken heilte und die Verzweifelten
tröstete – bis man sie dann aus Hass und Missgunst
ans Kreuz nagelte?

War es nicht neben der Mutter Jesu vor allem Josef,
der Zimmermann von Nazareth in Galiläa aus
dem Geschlecht Davids, der Jesus als seinen Sohn
annahm und in den Lebensalltag dieser Welt ein-
führte? Er hatte Mutter und Kind in Bethlehem
umsorgt, vor der tödlichen Bedrohung nach Ägypten gerettet und nach der Rückkehr in Nazareth mit

seiner Hände Arbeit ernährt und behütet (Matthäus 1,18-25; 2,13-15.19-23; Lukas 2,1-52).[7]

Wie viel verdankte der irdische Jesus, wie viel verdanken wir, die wir an ihn als unseren Herrn und Retter glauben, diesem gerechten[8] und Gott gehorsamen »Josef, dem Mann Marias, von der Jesus geboren wurde, der Christus genannt wird«? (Matthäus 1,16. 19. 24)

Da wir von ihm zuletzt im Zusammenhang seiner sorgenvollen Suche nach dem zwölfjährigen Jesus im Tempel hören, mag er selbst das öffentliche Wirken des erwachsenen Jesus von Nazareth gar nicht mehr erlebt haben (Lukas 2,41-52). In jedem Fall tritt er im Evangelium zurück hinter dem von ihm großgezogenen und geförderten noch Größeren.[9]

Auf eine Weise steht Josef selbst also im Schatten dessen, der sich als der von Gott verheißene Davidssohn und einzigartige Gottessohn erweist. Wird er doch schon vom Knaben Jesus an dessen höhere Zugehörigkeit erinnert: »Wusstet ihr nicht, dass ich in dem sein muss, was meines Vaters ist?« (Lukas 2,49). Aber ist es nicht viel erfüllender und sinnvoller, im Schatten des Messias zu leben, als anderen aus eigener Eitelkeit und Geltungssucht den Blick auf den wahren Herrn und Retter zu verstellen?

Wie viel Zeit und Energie vergeuden wir damit, vor anderen Menschen als strahlende Persönlichkeit erscheinen zu wollen, statt die Aufgaben in Treue zu erfüllen, die Gott uns zugedacht hat? Wie wertvoll wäre auch unser Leben, wenn wir im Hinblick auf den *aufgehenden hellen Morgenstern* von Herzen gerne als vergleichsweise blasser erscheinen – anstatt einfach nur selbst *kein großes Licht* zu sein. (4. Mose 24,17; Johannes 8,12; Offenbarung 22,16.20)

Hätte Josef, der Zimmermann von Nazareth, durch all sein eigenes Zimmern und Sägen je mehr Bedeutsamkeit gewinnen können als durch sein bescheidenes Dienen im Glanz des Sterns von Bethlehem? (Matthäus 2,1-12)

ERINNERST DU DICH?

Für manche ist Weihnachten
auch ein Fest der besonders
wehmütigen Erinnerungen.

Von Erinnerungen allein
können wir nicht leben –
aber manchmal wird uns
durch die Erinnerung an
wesentliche Erfahrungen
unseres Lebens
wieder neu bewusst,
wovon und womit wir
wirklich leben können.

Es hat keinen Sinn, in der
Vergangenheit zu leben –
aber wenn wir uns
mit Hilfe der Erinnerung
Vergangenes heute
vergegenwärtigen,
kann es uns helfen,
ganz und gar in der
Gegenwart zu leben.

ALLE JAHRE WIEDER

Was gäbe ich darum, wenn
ich noch einmal wie als Kind
bei den Großeltern an
Weihnachten schon wieder
Sauerbraten mit Klößen
essen dürfte und mich
am Zigarrenrauch meines
Großvaters stören.

Wie gerne würde ich mich
nochmals mit meinen
Geschwistern beim
lästigen Schmücken
des Weihnachtsbaums
auseinandersetzen
und mich über die nicht
erwünschten nützlichen
Geschenke meiner Mutter
leise, aber hörbar aufregen.

Wie erfüllt könnten wir leben,
wenn wir das Normale
schätzen lernten,
während es normal ist,
und das Alltägliche genießen,
solange es noch alltäglich ist?

DAS FEST DANACH

Wenn wir einen
geliebten Menschen
verloren haben,
fällt es uns besonders
an den Festtagen schwer,
mit unserer Trauer
zurechtzukommen,
obwohl – oder gerade
weil – Weihnachten
doch das Fest
des Glaubens,
der Liebe und
der Hoffnung ist.

Der Glaube hebt
die Trauer nicht auf,
und er will den
Verlust nicht erklären,
aber er will uns helfen,
am Ende die Hoffnung
wiederzufinden,
ohne die die Liebe
nicht überleben kann.

DIE HEILIGE NACHT
DAS LICHT SCHEINT IN DER FINSTERNIS

Der Glaube erkennt
die wahre Realität,
in deren Licht sich die
sichtbare Wirklichkeit
als Täuschung erweist.

Glauben bedeutet,
schon gegenwärtig
die Realität der
Ewigkeit zu gewinnen
und sich nicht an die
jetzige Wirklichkeit
zu verlieren.

»Mache dich auf, werde licht;
denn dein Licht kommt, und
die Herrlichkeit des HERRN
geht auf über dir!«

Jes 60,1 f.; Joh 1,5.9-14; 8,12 f.

WEIHNACHTSFREUDE

Wir sollten es lernen,
uns in Christus zu freuen,
auch wenn wir sonst keinen
Grund zur Freude sehen,
und uns vor allem anderen
über Christus zu freuen,
wenn wir viel Grund
zur Freude haben.

»Als sie den Stern sahen,
wurden sie *hocherfreut*
und gingen in das Haus
und fanden das Kindlein
mit Maria, seiner Mutter,
und fielen nieder und
beteten es an …«

Mt 2,10 f.

WO GEHT ES DENN HIER
ZUR ERFÜLLUNG DER VERHEISSUNG?

Wer kann es den Weisen aus dem Morgenland ver-
denken, dass sie bei ihrer Suche nach dem neugeborenen König der Juden zunächst nach Jerusalem
zogen (Matthäus 2,1-12)? Wo anders als im Königs-
palast in Jerusalem sollte der König Israels denn
geboren werden?

Es wäre auch von diesen Repräsentanten der fernen Völker – bei aller Weisheit und astronomischen
Kenntnis – zu viel verlangt, dass sie das schon wissen sollten, was gewiss viele in Israel – trotz Tora
und Propheten – in dieser Klarheit nicht erinnerten.
Musste doch selbst der bestürzte König Herodes erst
die Schriftgelehrten und Hohenpriester um Rat in
dieser Sache fragen.

Doch Gott hatte schon durch Jesaja wegen der
Untreue Israels und ihrer Könige einen Neuanfang mit einem ganz neuen Spross – nicht aus dem
Stamm, sondern – aus der *Wurzel* Davids verheißen
(Jesaja 11,1).[10] Wo aber hatte Gott den David durch
seinen Propheten einst berufen und zum König sal-
ben lassen? Gott schickte Samuel nach *Bethlehem* zu
Isai, denn unter seinen Söhnen hatte Gott sich einen
zum König ersehen, David, der Schafe hütend in der

Gegend auf dem Felde war (1. Samuel 16,1-13; Lukas 2,8).

Wenn Gott aber seinen gnädigen Neuanfang jenseits der kritischen Entwicklung Judas und Israels aus den *Wurzeln* beginnen wollte, dann kann es eigentlich auch nicht verwundern, dass er seinen Gesalbten und Messias nicht in den Palästen Jerusalems suchte, sondern erneut aus *Bethlehem* erstehen ließ, wie er es dem Propheten Micha bereits offenbart hatte.

»Und du, Bethlehem Efrata, die du klein bist unter den Tausenden in Juda, aus dir soll mir der kommen, der in Israel Herr sei, dessen Ausgang von Anfang und von Ewigkeit her gewesen ist« (Micha 5,1; Matthäus 2,6).

ENTFERNUNG IST RELATIV

Wie weit es bis
zu der Krippe Jesu
in Bethlehem ist?

Von Jerusalem aus
waren es für die
Weisen dann nur
noch zehn Kilometer.
Aus dem Morgenland
waren sie zuvor aber
schon 1000 Kilometer
dem Stern gefolgt.

Für uns wären es
wohl nicht weniger
als 4000 Kilometer,
um zu dem Jesuskind in
Bethlehem zu kommen.

Dabei haben wir die
zeitliche Distanz
von 2000 Jahren zur
Geburt Christi noch
gar nicht berücksichtigt.

Aber bevor wir ganz
entmutigt werden –
auch für uns gibt es
eine weihnachtliche
himmlische Botschaft.

Es muss nicht länger
als *eine Minute* dauern
und es ist nicht mehr
als *ein einziger Schritt*,
Jesus Christus in uns
als das Licht der Welt
zur Welt kommen zu lassen
und ihn als den Immanuel,
den »Gott mit uns«, in uns
freudig zu empfangen.

Denn heute kommt der
Sohn Gottes zur Welt,
indem er in uns
Wohnung nimmt
und wir durch seine
Gegenwart in uns
von Gott selbst
neu geboren werden.

Joh 1,12-14; 3,3-8; 14,17. 20. 23
Jes 7,14; Mt 1,23; 28,20

EINZIGARTIGE LIEBE

Das Besondere
an der *Liebe* ist,
dass sie dem Geliebten
das Bewusstsein seines
unermesslichen Wertes
und seiner
außergewöhnlichen
Bedeutsamkeit gibt.

Das Besondere an
der Liebe *Gottes* ist,
dass sie dieses
Bewusstsein der
Einzigartigkeit
jedem Einzelnen
unter Milliarden
von Menschen
auf der ganzen Welt
zu schenken vermag.[11]

»Darin ist erschienen die
Liebe Gottes unter uns,
dass Gott seinen
einziggeborenen –
das heißt: einzigen

und geliebten – Sohn
in die Welt gesandt hat,
damit wir durch ihn leben.«

»Wir haben erkannt
und geglaubt die Liebe,
die Gott zu uns hat.
Gott ist die Liebe.«

1. Joh 4,9.16

BEI CHRISTUS IN DEN BESTEN HÄNDEN

Du bist mir, Herr, treuer,
als ich mir selbst bin,
liebst mich umfassender,
als ich es kann.

An meiner Entfaltung
und meinem Glück
liegt dir noch mehr als mir.

Niemand anders behaftet mich
so konsequent bei dem,
was ich selbst für wichtig halte.

Wenn ich *dir* aber eher
trauen kann als mir selbst,
dann ist mein Leben
in *deinen* Händen
noch besser aufgehoben
als in meinen eigenen.

»ICH ESEL!« – ODER:
WARUM NOCH HOFFNUNG BESTEHT

Wie kommen eigentlich »Ochse und Esel« zu dem Kind in der Krippe (Lukas 2,7.12.16), wo doch weder Lukas noch Matthäus sie in der Weihnachtsgeschichte erwähnen?

Steht der Ochse nicht für einfältiges und unverständiges Verhalten? Und gilt »Esel« nicht als Schimpfwort für einen – höflich gesagt – »unzulänglichen Menschen«? Störrisch, dumm und uneinsichtig hat sich jemand verhalten, den man mit »Ochs und Esel« vergleicht.

Es ist der Prophet Jesaja, der dem unbußfertigen Volk Gottes in Jesaja 1,3 entgegenhält: »Ein Ochse kennt seinen Herrn und ein Esel die Krippe seines Herrn; aber Israel kennt's nicht, und mein Volk versteht's nicht.«

Da werden uns die Haustiere zu Lehrern, die wir uns doch selbst als so überlegen und vernunftgeleitet ausgeben. Denn wie oft haben wir uns im letzten Jahr anders verhalten, als es unserer Erkenntnis entsprach? Wie oft haben wir im Alltag unseren Herrn fast vergessen und nicht seine bergende Nähe gesucht? Stand uns seine hingebungsvolle Liebe in

Gestalt des Kindes in der Krippe nicht erst letzte Weihnachten noch so eindrücklich vor Augen?

Aber darin liegen nun gerade Hoffnung und Trost! Denn das Evangelium von der großen Freude und dem Frieden Gottes auf Erden für die Menschen seines Wohlgefallens gilt nicht nur den Hirten auf dem Felde, sondern auch uns, denen doch Ochse und Esel noch etwas vormachen können.

Und so dürfen wir uns leise und in demütiger Freude zwischen Ochse und Esel an die Krippe stellen und über das Wunder der menschgewordenen Liebe Gottes zu uns staunen: »Fürchtet euch nicht! Siehe, ich verkündige euch große Freude. Denn euch ist heute der Heiland geboren, welcher ist Christus, der Herr, in der Stadt Davids!« (Lukas 2,10f.).

DIE HIRTEN AUF DEM FELDE

Ist es nicht seltsam,
dass die ersten Zeugen
der Weihnachtsbotschaft –
durch Engelmund verkündet
und durch himmlische Chöre
in ihrem Lobpreis bestätigt –
ausgerechnet die *Hirten* sind?

Warum umstrahlt gerade die
Hirten auf dem Felde, die
des Nachts ihre Schafe hüten,
die Herrlichkeit des Herrn?

Wo wurde David denn
einst von Gott erwählt
und zum König gesalbt?
Er hütete bei Bethlehem
die Schafe seines Vaters
und wurde als Hirte
von Gott berufen,
fürsorglicher Hirte
über Israel zu sein.

David, der in Gott selbst
seinen guten Hirten
erkennen durfte,

sollte einen Nachkommen haben,
durch den Gott seinem Volk
Frieden schon auf Erden und
ewiges Heil schenken würde.

Aus dem Kreis der Hirten
berief Gott einst David
von den Schafen weg,
sein Gesalbter zu sein.
An den Kreis der Hirten
lässt er zuerst die Freude
der Geburt des Christus,
des ersehnten Sohnes aus
dem Hause Davids, verkünden.

Die Erfüllung der vielen
Verheißungen Gottes
und die Vollendung seiner
Zuwendung und Erlösung
knüpfen also da an, wo
seine gnädige Erwählung
ihren Anfang nahm.

1. Sam 16,11; 17,15.34; Ps 23;
Jes 40,11; Mi 5,1-4; Hes 34,11-24;
Lk 2,8-20; Joh 10,11-18

WENN IHR NICHT WERDET
WIE DIE KINDER

»Ihr Kinderlein kommet, o kommet doch all'!
Zur Krippe her kommet in Bethlehems Stall.
Und seht, was in dieser hochheiligen Nacht
der Vater im Himmel für Freude uns macht.«

Bedauernswert ist, wer
das Erwachsenwerden
aus Angst und Sorge
verweigert und sich so
an der Unmündigkeit
auf *kindische* Weise
festklammert.

Glücklich, wem es gelingt,
die Zuversicht und Hoffnung
der freudigen Erwartung
auch angesichts mancher
Enttäuschung im Leben
immer wieder neu
zurückzugewinnen.

Glücklich, wer nicht nur
trotz, sondern wegen
seiner Lebensreife
zu einer echten

neuen Ursprünglichkeit
und zu einem freudig
kindlichen Vertrauen
zurückfinden kann.

Glücklich, wer erwachsen wird.
Glücklicher noch, wer dabei die
unmittelbare Freude eines Kindes
in sich zu entwickeln weiß.

Wie sagt es das erwachsen
gewordene Jesuskind als der
vertrauensvolle Sohn Gottes
zu seinen offensichtlich nur
vermeintlich reifen Jüngern?

»Lasst die Kinder zu mir kommen,
hindert sie nicht, denn solchen
gehört das Reich Gottes.
Wahrlich, ich sage euch:
Wer das Reich Gottes nicht
empfängt wie ein Kind, der
wird nicht hineinkommen.
Und er schließt sie in die Arme
und legt ihnen die Hände auf
und segnet sie.«

Mk 10,14-16; Mt 18,2f.
Ihr Kinderlein, kommet, EG 43,1

KINDGERECHTES EVANGELIUM
EVANGELIUMSGEMÄSSE KINDERSPRACHE

Wer Texte in der Originalsprache kennt, klagt gelegentlich über die Nachteile einer Übersetzung in eine andere Sprache. Es gibt aber auch Gegenbeispiele einer unübertrefflich gelungenen Übersetzung des im Original Gesagten.

Als Martin Luther die Aufforderung der Engel an die Hirten aus dem griechischen Neuen Testament ins Deutsche übersetzte, wählte er Vokale, die an unsere zärtliche Verständigung mit Neugeborenen anknüpfen.

Wie wenden sich Eltern und Großeltern liebkosend ermunternd Säuglingen zu? Und mit welchen Lauten versuchen diese quietschend und juchzend weitere Zuwendung zu gewinnen? Es sind vor allem »i«-Laute!

So gebrauchen die Engel zur Beschreibung dessen, was die Hirten als Zeichen in Bethlehem erwartet, nicht weniger als neun »i«-Laute:

»Ihr werdet finden das Kind in Windeln gewickelt und in einer Krippe liegen.« (Lk 2,12)

ICH STEH AN DEINER KRIPPEN HIER
DER AUGENBLICK DER EWIGKEIT

Ist es nicht faszinierend,
dass wir die Schönheit und
Harmonie der Ewigkeit
oft im Glück eines
Augenblicks erahnen?

Wahres Glück kennt keine Zeit,
und Ewigkeit kann von der
Zeit nicht erfasst werden –
auch nicht als eine endlose.

Aber in einem solchen
unverfügbaren Augenblick
ist uns die Ewigkeit plötzlich
näher als die Zeit und
das unendliche Glück
unmittelbarer als unsere
eigene Gegenwart.

In einer solchen beglückenden
Begegnung mit der Ewigkeit
lernen wir loszulassen, was
wir nicht halten können,
um zu gewinnen, was wir
nicht mehr verlieren wollen.

»Ich sehe dich mit Freuden an
und kann mich nicht satt sehen;
und weil ich nun nichts weiter kann,
bleib ich anbetend stehen.
O dass mein Sinn ein Abgrund wär
und meine Seel ein weites Meer,
dass ich dich möchte fassen!

Paul Gerhardt 1653, EG 37,4

DER HELLE MORGENSTERN
WIR SAHEN SEINE HERRLICHKEIT

Du bist das Licht in meiner Nacht,
leuchtest mir hell, wenn niemand wacht;
führst meinen Fuß auf schmalem Steg.
Wie fänd ich sonst nur meinen Weg?

Du bist mein Fels, du bist mein Heil,
bist meine Burg, zu der ich eil;
bist Zuflucht mir, Stärke und Schild.
Was du mir bist, erfasst kein Bild.

Du bist das Brot, das mich ernährt,
hast mir in Not Stärkung gewährt;
gibst dich für mich, hast dich geteilt.
Hunger und Leid hast du geheilt.

All meinen Durst hast du gestillt,
weil aus dir selbst das Wasser quillt,
das mich belebt, das mich erfreut.
All meine Furcht hast du zerstreut.

Du bist der Weg, auf dem ich geh,
Wahrheit bist du, zu der ich steh;
du bist mein Ziel, das mich erreicht,
Leben bist du, dem niemand gleicht.[12]

All dies bist du und noch viel mehr,
du bist, was ich ewig begehr.
Wärst du nicht da, wo wäre ich?
Mehr als mich selbst liebe ich dich!

LOB DER HIMMLISCHEN HEERSCHAREN
FÜR EINE STIMME OHNE ORCHESTER

Wenn wir beginnen,
das wahre Geheimnis der
Heiligen Nacht zu erkennen,
und anfangen, zu anderen über
die große Freude zu sprechen,
dann kommen wir uns oft
vor wie einer, der über
Kopfhörer die Chöre des
Weihnachtsoratoriums hört
und die Umstehenden
durch sein Summen am
Genuss teilhaben lassen will.

Es muss an Gottes Geist liegen,
dass einige bei unseren so
unzulänglichen Versuchen
tatsächlich die himmlischen Chöre
samt dem ganzen Orchester hören.

»Und alsbald war da bei dem Engel
die Menge der himmlischen
Heerscharen, die lobten Gott ...«

Lk 2,13

KEINEN RAUM IN DER HERBERGE

Wenn wir diese Weihnacht
uns erneut darüber freuen,
dass du als der Sohn Gottes
für uns Mensch geworden und
auf diese Welt gekommen bist,
dann mag es wieder so sein,
dass die Finsternis dieser Welt
deinem hellen Licht keine
Herberge einräumen will.

Dürfen wir dir dann wenigstens
uns selbst als Ort deiner Geburt
und Raum der Herberge anbieten,
an dem du von Herzen und
mit Freuden willkommen bist?

Wir würden nicht wagen,
dir als dem Sohn Gottes
solch ein vermessenes
Angebot zu machen,
hättest du dich nicht damals
sogar mit der Krippe im Stall
bei Ochse und Esel begnügt.

Lass uns wie diese
Ochs und Esel sein,

die ihren Herrn
kennen und verstehen
und ihn mit Freuden
bei sich aufnehmen.

Lk 2,7; Joh 1,10-12; Jes 1,3

SEIT WANN IST CHRISTUS
GOTTES SOHN?

Der Engel sprach zu Maria: »Der Heilige Geist wird über dich kommen, und die Kraft des Höchsten wird dich überschatten; darum wird auch das Heilige, das geboren wird, *Sohn Gottes* genannt werden« (Lukas 1,35). – Seit wann wird Jesus, der Sohn der Maria, als Sohn *Gottes* erkannt, anerkannt und bekannt?[13]

Die Antwort hängt vom *Blickwinkel* und der *Fragestellung* ab! Wollen wir wissen, seit wann Christus von den *Menschen* als »einziggeborener« – also einzigartiger – Sohn Gottes *erkannt* wurde? Der Christenverfolger Saulus wurde erst angesichts des *auferstandenen* Christus zum an Christus Gläubigen. Selbst die zwölf Jünger und Augenzeugen Jesu haben die wahre Würde und Vollmacht Jesu nicht vor seiner Erscheinung als des wahrhaftig *Auferstandenen* gänzlich »begreifen« können. »Mein Herr und mein Gott«, bekennt der vom auferstandenen Christus selbst überwundene Zweifler (Joh 20,28).

Der Evangelist *Markus* kann dann mit den Jüngern rückschauend erkennen und bezeugen, dass das Geheimnis des Gottessohns in Wahrheit schon seit der *Taufe* Jesu und in all seinem Wirken und Reden bis hin zu seiner Lebenshingabe für die Seinen am Kreuz eigentlich offenbar war. »Du bist mein geliebter Sohn, an dir habe ich Wohlgefallen«, ist das Bekenntnis Gottes selbst zu seinem Sohn schon bei dessen Taufe zu Beginn seines öffentlichen Auftretens (Markus 1,11).[14]

Wurde Jesus somit bei seiner Taufe von Gott als »Gottessohn« adoptiert? In diesem Sinne könnte man die Einsetzung der Nachfolger Davids mit ihrer Inthronisation als Repräsentanten Gottes und Könige über Israel wohl verstehen (Psalm 2,7). Dieses »adoptianische« Missverständnis von Christus als eines *menschlichen* Messias und von Gott besonders begabten *Menschen* wird gerade durch die Geburtsgeschichte Jesu von den Evangelisten *Matthäus* und *Lukas* ausgeschlossen. Schon *von Geburt an*, nein, bereits durch die himmlischen Vorankündigungen der Geburt an Maria (Lukas 1,26-38) und Josef (Matthäus 1,18-24) ist offenbar, dass Jesus als der »Sohn des Höchsten« nicht durch »Fleisch und Blut« gezeugt ist, sondern durch Gottes Gegenwart und Wirken in seinem Geist als Mensch auf die Welt kommt.

Wurde Jesus Christus dann also mit seiner Geburt durch Maria als *Person* erschaffen und sogleich zum Gottessohn eingesetzt? Auch dieses Missverständnis wird bereits im Neuen Testament mit Nachdruck ausgeschlossen. So beginnt der Evangelist *Johan-*

nes weder bei der Taufe Jesu noch auch bei seiner Geburt[15], sondern mit seinem Christushymnus in Johannes 1,1-18 gleich »im Anfang« von allem und bereits vor der Schöpfung (1,1-4). Nicht erst mit seiner Geburt ist Jesus Christus *Person* geworden; und Sohn *Gottes* ist er nicht nur von Geburt an. Vielmehr wurde er als der Sohn Gottes, der vor Grundlegung der Welt schon bei seinem Vater war (Johannes 1,1-3; 17,5.24) und der selbst von seinem Wesen her *Gott* ist (1,1c.18; 20,28), durch seine Geburt ein *sterblicher Mensch* (1,14).

Aber gehört diese Einsicht der *Präexistenz* Jesu Christi – also seines persönlichen Existierens bei seinem himmlischen Vater vor seiner Menschwerdung – nicht erst zu den späten Überlieferungen des Neuen Testaments? Ganz im Gegenteil! Schon seit den ersten beiden Jahrzehnten nach Jesu Kreuz und Auferstehung entstanden die schönsten und höchsten Bekenntnisse und Hymnen[16] zu Jesus Christus als dem von Gott auf die Erde gesandten Sohn, dem Schöpfungsmittler und anbetungswürdigen Herrn (Römer 8,3; 1. Korinther 8,6; 2. Korinther 8,9; Galater 4,4; Philipper 2,6f.).[17]

Fragen wir also nach der Entwicklung der *menschlichen* Erkenntnis und dem *Erkenntnisgrund* der Gottessohnschaft Jesu *(ratio cognoscendi)*, dann können wir festhalten, dass die Erkenntnis der Auferweckung Jesu durch seinen himmlischen Vater der Ausgangpunkt der umfänglichen Christuserkenntnis war. Die Glaubenserkenntnis der Zeugen Jesu wurde von der Auferstehung her rückwirkend entfaltet. Seit der Auferstehung, nein, schon seit Beginn der Wirksamkeit Jesu, nein, seit seiner Geburt – nein, bereits vor seiner Menschwerdung im Stall von Bethlehem ist er offensichtlich schon der einzigartige Sohn Gottes.

Fragen wir allerdings nach dem *Ursprung* und *Seinsgrund* des Gottseins Jesu Christi *(ratio essendi)*, dann erkennen und bekennen wir, dass er bereits im Anfang vor der Erschaffung der Welt bei seinem Vater in Herrlichkeit als der Sohn Gottes lebte. Nur als Gottes eigener Sohn konnte er dann als der kommen, der Jesus in der Krippe war. Nur als der einzigartige Sohn Gottes konnte er das Heil, die Versöhnung und die Erlösung bewirken, die Jesus in seinem Leben, seinem Sterben für uns und in seiner Auferstehung vollbracht hat.

So erkennen wir vom *Ende* her, was schon vom *Anfang* her gilt. Der Erkenntnisweg mag rückwärts führen; der Begründungszusammenhang aber beginnt im Anfang. Das Geheimnis der Gottessohnschaft und des Gottseins Jesu entfaltet sich bezüglich des Erkenntnisgrundes *(ratio cognoscendi)* und des Seinsgrundes *(ratio essendi)* also gegenläufig.

Als der Engel Gabriel der erschrockenen und verwunderten Maria die Geburt ihres Sohnes ansagte, wusste er, von wem er sprach, denn er kannte den ewigen Sohn Gottes schon, bevor dieser als Mensch geboren werden sollte. Und als die himmlischen Chöre Gott über die Geburt Christi, des Heilands und Herrn, vor den Hirten verehrten und priesen, war ihnen längst bewusst, wie begründet die von ihnen verkündigte Freude ist.

Das wunderbare *Heute* der Geburt in der Heiligen Nacht mag von den Menschen erst *morgen* und *vom Ende her* in seiner tiefen Bedeutung erkannt werden. Es gründet aber *in dem Gestern* der Verheißungen Gottes, *im Anfang* vor Grundlegung der Welt und *in der Ewigkeit* bei Gott selbst.

WEIHNACHTSGESCHENKE

Wenn ich zu Weihnachten
die Worte des Evangeliums
von Gottes Treue und Gnade
und von der Sendung seines
eigenen, geliebten Sohnes
höre und singe,
dann freue ich mich
immer wieder neu an
seinen reichen Gaben.

Was glaubst du,
kann ich Gott
für all seine Worte
unbedingter Liebe
nun meinerseits
schenken? –

Schenke
seinen
Worten
unbedingt
Glauben!

KANN MAN FREUDE STEIGERN?

An Weihnachten schon!

Als die Weisen aus dem
fernen Morgenland den
wundersamen Stern
des neugeborenen Königs
über dem Ort stehen sahen,
wo das Jesuskind mit
Maria, seiner Mutter, war,
haben sie sich nach dem
Zeugnis des Matthäus (2,10)
nicht nur »gefreut«,
nicht nur »mit Freude gefreut«,
nicht nur »mit großer Freude gefreut«,
sondern wörtlich heißt es eigentlich:
»mit großer Freude sehr gefreut.«

Sie waren derart überwältigt
und außer sich vor Freude,
dass sie *den* endlich finden
und anbeten durften,
dessen strahlender Stern
sie von weitem anzog.

Da gehen selbst der schönen Sprache des
Evangeliums fast noch die Begriffe aus.

DA SIE DAS KIND GESEHEN HATTEN

Kommt, seht den
neugeborenen König,
den ewigen Sohn!

Überwältigt von
seiner Sanftmut
und beschämt von
seiner Demut.

Aufgeschlossen
durch sein
offenes Lachen
und angesteckt
von seiner Freude.

Ermutigt von
seinem Vertrauen
und belebt von
seiner Zuversicht.

Und beklommen
im Ahnen dessen,
was ihn in dieser
Welt erwartet.

Wie kann
Verletzlichkeit
so heilsam sein
und Schwachheit
so bezwingend?

Soll Liebe stärker sein
als alle Macht der Erde
und dieses Kind am Ende
allen Hass besiegen?

Wer einmal in
seine Augen schaut,
wird ihn in Ewigkeit
nicht mehr vergessen.

Lk 2,11 f.16 f.

DAS WAHRE GLÜCK

Wieso sind wir immer neu
von Gottes Kommen an
Weihnachten beglückt?

Echte Liebe kennt
keinen Überdruss,
und wahres Glück
keine Langeweile.

Vollendete Freude
lebt nicht vorbehaltlich,
und tiefe Zufriedenheit
ist nicht von dauernder
Veränderung abhängig.

Die wahre Liebe lebt
nicht von der Neuheit,
sondern die erneute Freude
und das wahre Glück
leben von der Liebe.

ER KOMMT GANZ AUF DEN GROSSVATER
WARUM DIE BEGEGNUNG JESU
MIT DEM ESEL DOCH BIBLISCH IST

Von dem Propheten Jesaja haben wir gelernt, dass wir unsere Vorurteile gegenüber Eseln wohl korrigieren sollten und sie uns Menschen noch etwas vormachen können.[18] Esel kennen die Krippe ihres Herrn, während wir als Menschen oft unseren Herrn vergessen und ohne Erkenntnis und Einsicht sind (Jesaja 1,3). Auch haben wir erfahren[19], dass wir die uns vertraute Anwesenheit des Esels bei der Krippe in Bethlehem nicht der Weihnachtsgeschichte der Evangelien verdanken, sondern ebendiesem Prophetenwort.

Aber gibt es denn gar kein neutestamentliches Zeugnis von einer Begegnung eines Esels mit unserem Herrn? Doch, aber dies ereignete sich drei Jahrzehnte – also ein ganzes Eselsleben – später. Man könnte auch sagen, eher bei einem Enkel oder Urenkel des Esels an der Krippe.

Als Jesus, der in Bethlehem geborene Sohn Davids, zur Vollendung seines Auftrags und irdischen Weges in Jerusalem einziehen will, sendet er seine Jünger voraus. Sie sollen in den Ort gehen, um einen jungen Esel loszubinden und zu ihm zu führen (Markus 11,1-10 par. Johannes 12,12-16). Welch größeres Kompliment könnte es für ein Geschöpf – ob Esel oder Mensch – geben, als dass von ihm bezeugt wird: »Der Herr bedarf seiner, der Herr braucht ihn«? Gesagt, getan, die Jünger fanden den Esel, wie Jesus es ihnen beschrieben hatte.

»Und sie führten das Fohlen zu Jesus und legten ihre Kleider darauf, und er setzte sich darauf. Und viele breiteten ihre Kleider auf den Weg, andere aber grüne Zweige, die sie auf den Feldern abgehauen hatten. Und die vorangingen und die nachfolgten, schrien: Hosianna! Gelobt sei, der da kommt in dem Namen des Herrn! Gelobt sei das Reich unseres Vaters David, das da kommt! Hosianna in der Höhe!« (Markus 11,7-10).

Die Jünger verstanden den tieferen Sinn dieses Geschehens erst im Nachhinein. Uns helfen die Evangelisten mit ihrem Hinweis auf den Propheten Sacharja, die biblische Bedeutung dieses triumphalen Einzugs in die Stadt Gottes noch rechtzeitig zur Adventszeit zu erkennen (Matthäus 21,4f.; Johannes 12,14-16): »Du, Tochter Zion, freue dich sehr, und du, Tochter Jerusalem, jauchze! Siehe, dein König kommt zu dir, ein Gerechter und ein Helfer, arm und reitet auf einem Esel, auf einem Füllen der Eselin« (Sacharja 9,9).

Ob bei den Propheten Jesaja und Sacharja, ob bei den Evangelisten oder bei der vertrauten traditionellen Darstellung der Heiligen Familie im Stall von Bethlehem – welch eine Ehre wurde den Eseln zuteil, dass sie Jesus so nahe sein durften und ihn auf seinem Weg zu unserem Heil ein Stück begleiten konnten – ob jetzt der »Großvater« in Bethlehem oder der »Enkel« vor Jerusalem.[20]

AN WEIHNACHTEN ALLEIN?

Wenn du dich
einsam fühlst,
dann bete
nicht für dich,
sondern für andere;
und du wirst sehr
schnell erkennen,
dass du in Wahrheit
gar nicht allein bist.

Wenn du enttäuscht bist,
dass sich niemand an
den Weihnachtstagen
nach dir erkundigt,
dann nimm du doch
Kontakt auf und
bereite anderen
die Freude der
Aufmerksamkeit
und Zuwendung.

Du weißt doch am besten,
worüber einsame Menschen
sich von Herzen freuen.

GOTT IST DIE LIEBE

Gottes vollkommene Liebe
können wir gewiss nicht
von uns aus produzieren,
aber wir dürfen sie
als von ihm Geliebte
reflektieren.

1. Joh 4,9f.16.19

GESEGNETE WEIHNACHTEN!

Es ist eine so alte
wie schöne Tradition,
sich gegenseitig zu
Weihnachten Segen
zu wünschen und
zuzusprechen.

Aber woran denken
wir dabei eigentlich?

Gewiss brauchen wir
und wünschen wir uns
für uns und unsere Lieben
Gottes reichen Segen.

Aber was ist noch schöner,
als gesegnet zu werden?

Für andere Menschen
von Gott zum Segen
gebraucht zu werden.

Der Weihnachtssegen wird
durch Teilen vermehrt
und bereichert uns selbst
durch unser Weiterschenken.

BESCHENKEN ODER SICH VERAUSGABEN?

Wo außer
in der Liebe
gewinnst du
durch Geben
und wirst durch
Teilen reicher?

EIN REICHER GABENTISCH

Gab es in unserer Kindheit
etwas Beglückenderes als den
Anblick unseres Gabentischs
und etwas Schöneres als das
Auspacken der uns zugedachten
Geschenke zum Weihnachtsfest?

Dabei steht die alte Tradition der
Weihnachtsgeschenke für Kinder
für ein tiefes – im oberflächlichen
Alltag oft verborgenes – Geheimnis.

Das Lohnendste am Leben
ist nicht unsere Leistung,
es ist uns in Liebe *geschenkt*.

Ob Gesundheit, Bewahrung,
oder liebevolle Beziehungen,
ob unser Glaube oder unser Leben –
sie sind weder Besitz noch Verdienst,
sondern uns anvertraute Geschenke,
die wir dankbar empfangen
und sorgsam enthüllen wollen.

Wir wollen uns nicht
in Unwesentlichem
verwickeln und
in Oberflächlichem
verstricken.

Geht es doch bei den
Geschenken des Lebens
vor allem um unsere
Glaubens*entfaltung* und
Persönlichkeits*entwicklung.*

DIE FRAGE ALLER FRAGEN
BELIEBTE INTERNET-SUCHE

>>Werden wir dieses Jahr
weise Weihnachten haben?<<

>>Wann waren
weise Weihnachten?<<

>>Wie oft in den
letzten 30 Jahren
gab es *weise Weihnacht*?<<

Wenn uns diese Fragen
stutzig und nachdenklich
machen, dann sind wir
schon auf dem Weg
zu Weisheit und
Wesentlichkeit.

Wenn *nicht*,
dann haben
wir mehr als
ein Problem.

REICH BESCHENKT?

Macht Reichtum dankbar
oder Dankbarkeit reich?

Glück ist nicht nur eine
Frage des Schicksals,
und Zufriedenheit ist
nicht nur ein Ergebnis
der äußeren Erfahrung.

Über die Intensität
unserer Lebensfreude
entscheidet nicht allein
die Quantität der
empfangenen Gaben.

Der Dankbare ist
der Beschenkte;
und wer sich von
dem her versteht,
was er Gutes
erfahren hat,
der ist reich. .

Kol 2,7

PACK DOCH MAL AUS!

Weihnachtsgeschenke
wollen eigentlich nicht
von der Wirklichkeit
ablenken und nur
Ersatz für unser
wahres Leben sein.

Sie wollen uns
vielmehr an die uns
tragenden Beziehungen
und den Reichtum
an Gaben erinnern.

Unsere Begabungen,
die wir vergessen
und selbst nicht
regelmäßig entfalten,
werden verkümmern.

Aber die Fähigkeiten,
die wir täglich pflegen,
werden sich als unsere
Stärken entwickeln.

Dabei kommt es weniger
auf die Anstrengung an als
auf die stete Ausdauer
und freudige Gewohnheit.

So wird das Entwickeln
unserer Gaben zu einer
andauernden Freude des
reichen Beschenktseins.

Denn was wir
an Begabungen
empfangen haben,
wurde uns *geschenkt*;
aber auch die größten
und schönsten Geschenke
wollen *angenommen*
und *entfaltet* werden –
nicht nur an Weihnachten!

HAST DU DICH SCHON BEDANKT?

Es gibt ein Geheimnis
der Dankbarkeit –
gegenüber Menschen,
aber vor allem auch
gegenüber Gott als dem
Schöpfer, Erlöser und
Bewahrer unseres Lebens.

Wer danken kann,
wird gleich mehrfach
beschenkt –
zunächst, wenn er das
Geschenk empfängt,
und dann jedes Mal,
wenn er sich daran
dankbar erinnert.

So erweist sich nicht nur
der Beschenkte als dankbar,
sondern auch der Dankbare
als erneut reich beschenkt.

»Seid überreich im Danken!«

Kol 2,7

FRIEDE AUF ERDEN BEI DEN MENSCHEN SEINES WOHLGEFALLENS

Wenn es Gott
wohlgefällt, uns
in seiner Gnade
sein Leben und
seinen Frieden
zu schenken,

dann will er
in seiner Liebe
nicht nur uns
von der Erde
in den Himmel
bringen,

sondern durch uns
auch den Himmel
auf die Erde.

Lk 2,14.20

DAS FEST DER LIEBE

Wie oft haben wir uns
schon an Weihnachten
auf das Wiedersehen mit
Familie und Freunden
gefreut und sind mit den
größten Erwartungen
zur gemeinsamen Feier
aufgebrochen –
um dann wieder maßlos
enttäuscht zu werden?

Unser Ideal von Liebe
erweist sich nicht
in der Fülle unserer
Erwartungen und
Wunschträume,
sondern in der
Fähigkeit,
unsere eigenen
Erwartungen
in wirkliche
Bereitschaften
umzuwandeln.

Zum Fest der Liebe
werden unsere
Weihnachtsfeiern
nicht durch unsere
unreifen Erwartungen
an andere Menschen,
sondern durch
unsere persönliche
Bereitwilligkeit,
die Liebe Christi
zu reflektieren.

Auch wenn wir an sich
solche *Feste* nicht *lieben*,
so können wir doch
feste lieben!

»Alles, was ihr wollt,
dass euch die
Menschen tun sollen,
das tut auch ihr ihnen!«

Mt 7,12

EIN STAMMBAUM SAGT MEHR
ALS SIEBENUNDSIEBZIG WORTE

Wer sich vornimmt, das Neue Testament einmal als Ganzes zu lesen und vorne mit dem Evangelium nach Matthäus beginnt, der wird zu seiner Überraschung von einem formalen Stammbaum mit nicht weniger als 42 Namen begrüßt: »Buch des Ursprungs, der Abstammung Jesu Christi, des Sohnes Davids, des Sohnes Abrahams«. Beginnend bei dem Stammvater Abraham bis hin zu Josef werden die irdischen Vorfahren ausdrücklich in drei Gruppen zu je vierzehn Generationen aufgezählt (Matthäus 1,1-17).

Für die vorrangig judenchristlichen ersten Leser, die mit der Heiligen Schrift vertraut waren, sagt diese Einleitung der Geburtsgeschichte Jesu aber viel mehr, als wir zunächst ahnen mögen. Mit »Buch des Ursprungs« werden zu Beginn der Bibel in 1. Mose 2,4 und 5,1 die Berichte der Schöpfung und der Menschen seit Adam eingeleitet. Hier nun beginnt mit der Geburt Jesu Christi Gottes verheißene Erlösung der Menschen – wie es der Name Jesus schon bezeichnet: »Er wird sein Volk retten von ihren Sünden« (Matthäus 1,21). Mit ihm beginnt die heilvolle Herrschaft und bleibende Gegenwart Gottes bei seinen Menschen – »und sie werden ihm den Namen

Immanuel geben, das heißt übersetzt: ›Gott mit uns‹«
(Matthäus 1,23/Jesaja 7,14).

Was sich mit der Geburt dieses »neugeborenen
Königs« erfüllen soll, sind die Heilsverheißungen
Gottes an Israel – beginnend mit der ersten Segens-
verheißung an ihren Stammvater *Abraham* (1. Mose
12,1ff.) und vertieft durch Gottes Verheißung eines
Sohnes und Gesalbten – das heißt »Messias« und
»Christus« – an *David* (2. Samuel 7,12-16; Psalm 2,7;
89,27f.; 110,1) und durch die Propheten an *Israel*
(Jesaja 7,14; 9,1-6; 11,1-5; Hesekiel 34,23f.; Micha
5,1-4; Sacharja 9,9f.).

Wie zentral für den Evangelisten das Bekenntnis zu Christus als dem verheißenen Sohn Davids
und messianischen König ist, erweist sich nicht nur
an den vielfältigen Bezeichnungen Jesu als Sohn
Davids (Matthäus 1,1; 9,27; 12,23; 15,22; 20,30f.;
21,9.15), sondern schon in der Gewichtung seiner
Weihnachtsgeschichte in Matthäus 2,1-23. Im Zen-
trum steht für Matthäus die Verehrung und Anbetung des »neugeborenen Königs der Juden«, den der
amtierende, gewaltsame König Herodes mit Grund
fürchtet. Gott richtet sein Reich des Friedens und der
Gerechtigkeit durch seinen Sohn Jesus Christus als
den wahren König Israels auf (Matthäus 2,1ff.; 21,5;
25,34.40; 27,11. 29. 37.42).

Warum aber hat Matthäus bei dem einleitenden Stammbaum Jesu die Aufteilung in dreimal 14 Generationen so ausdrücklich hervorgehoben (1,17)? »Drei« ist die Zahl des in sich Geschlossenen und Gültigen; aber die Zahl »Vierzehn«? Die wahrscheinlichste Erklärung führt uns wiederum auf die Davidssohnschaft Jesu! Denn die Konsonanten für den Namen David, die im Hebräischen zugleich einen Zahlenwert bezeichnen, geben mit 4 + 6 + 4 = 14 eben die Symbolzahl für den König David wieder.

Wo wir schon bei den Zahlen sind – wie erklären sich denn die abweichenden Angaben im Stammbaum Jesu nach dem *Lukas*evangelium? Finden sich doch in Lukas 3,23-38 nicht weniger als 77 Generationen, die – abweichend von Matthäus – rücklaufend aufgezählt werden. Die höhere Zahl erklärt sich schon daher, dass Lukas die menschlichen Vorfahren Jesu nicht nur bis zum Stammvater *Abraham*, sondern bis zum ersten und von Gott unmittelbar geschaffenen Menschen *Adam* zurückführt (Lukas 3,38).

Lukas wendet sich mit seinem Evangelium vor allem an »Heidenchristen« und gemischte Gemeinden aus Israel und den Völkern. Dass das in Christus, dem Sohn Davids, gekommene Heil *Israel* als den Nachkommen *Abrahams* gilt, ist den Verheißungen der Schrift klar zu entnehmen. Dass dieser Friedefürst und Heiland aber zugleich für *alle Menschen* als Nachkommen *Adams* auf die Welt gekommen ist, stellt für Lukas einen besonderen Grund zur weihnachtlichen Freude dar (Lukas 2,10f.). So wird die Zuwendung Jesu zu den Verlorenen und Sündern, zu den Frauen und Armen, zu den Ausgegrenzten und Fremden in diesem Evangelium unvergleichlich eindrücklich und überwältigend entfaltet werden.

Die symbolische Bedeutung der 77 als Zahl der Generationen von Jesus zurück bis Adam erklärt sich ganz in diesem universalen Sinne als Ausdruck der Israel und den Völkern geltenden »großen Freude, die allem Volk widerfahren wird« (Lukas 2,10). Sind doch die »Vollzahlen« Sieben, Siebzig oder gar Siebenundsiebzig Ausdruck des Umfassenden, Unbegrenzten und Ganzheitlichen, wie es auch Jesus im Zusammenhang der Vergebungsbereitschaft verdeutlicht (Matthäus 18,21f.).[21]

Aber warum findet sich der Stammbaum Jesu »des Sohnes Davids des Sohnes Abrahams« hier nicht wie bei Matthäus zu Beginn und als Einleitung der Weihnachtsgeschichte (Matthäus 1,1-17)? Auch für Lukas ist die Davidssohnschaft Jesu von zentraler Bedeutung. Wird doch Maria bereits bei der Geburtsansage Jesu vom Engel zugesagt: »Gott der Herr wird ihm den Thron seines Vaters David geben, und er wird König sein über das Haus Jakob ewiglich« (Lk

1,32f.). Auch werden wir unwillkürlich an die vertraute Formulierung aus der Weihnachtsgeschichte erinnert, dass sich Josef mit Maria in das jüdische Land nach Bethlehem zur Stadt Davids aufmachte, »darum dass er von dem Hause und Geschlecht Davids war« (Lk 2,4).

Dabei gilt es, das Geheimnis der Person dieses Friedensfürsten, Erlösers und Herrn in seiner ganzen Tiefe zu verstehen. Ein solch umfassendes und ewiges Heil und eine solch universale Herrschaft Gottes könnte kein menschlicher Messias und kein natürlicher Nachkomme Davids verwirklichen. Es liegt alles daran zu erkennen, dass dieser Sohn *Davids* in einzigartiger Weise der Sohn *Gottes* ist: »Siehe, du wirst schwanger werden und einen Sohn gebären, dem sollst du den Namen Jesus geben. Der wird groß sein und Sohn *des Höchsten* genannt werden« (Lukas 1,31f.). »Der Heilige Geist wird über dich kommen, und die Kraft des Höchsten wird dich überschatten; darum wird auch das Heilige, das geboren wird, *Gottes* Sohn genannt werden« (Lukas 1,35).

An welcher Stelle seines Evangeliums überliefert also Lukas den Stammbaum der *menschlichen* Herkunft Jesu, dieses geheimnisvollen Davidssohns? Genau zwischen dem Bericht von der Taufe Jesu (Lukas 3,21f. par. Markus 1,9-11) und von der anschließenden Versuchung Jesu in der Wüste (Lukas 4,1-13 par.

Markus 1,12)! Denn bei der Taufe Jesu wird *von Gott selbst* aus dem offenen Himmel bekannt und bestätigt, was Maria bereits vor der Geburt anvertraut wurde: »Du bist *mein geliebter Sohn*, an dir habe ich Wohlgefallen« (Lukas 3,22; vgl. 9,35).

Auch bei der anschließenden Versuchung Jesu erweist und bewährt er sich als das, was er in einzigartiger Weise und im Gegensatz zu uns Menschen seit der Versuchung Adams ist und in Ewigkeit bleibt: Gottes einziggeborener, hingebungsvoller und gerechter Sohn. Die verführerische Frage: »Bist du Gottes Sohn …?«, beantwortet Jesus mit dem Wort und im Namen seines himmlischen Vaters (Lukas 4,4. 8.12; vgl. 2,49). Er antwortet überwältigend mit seinem Weg der Treue und Loyalität von der Krippe bis zum Kreuz (Lukas 22,42-44), von der geheimnisvollen Geburt in Bethlehem bis hin zum qualvollen Sterben für die Seinen auf Golgatha (22,19f.).

An dieser Stelle mag man zögern, ein noch verbleibendes Problem des Stammbaums Jesu – bei Matthäus wie bei Lukas – anzusprechen. Welchen Sinn haben die Stammbäume als Beleg der Davidssohnschaft, wenn sie im unmittelbaren Sinne gar nicht auf Jesus und seine leibliche Mutter selbst zulaufen, sondern auf *Josef*, den Mann der Maria (Matthäus 1,16; Lukas 3,23)? Legen doch beide Evangelisten großen Wert auf die Feststellung, dass Josef nicht der leibliche Vater des von Maria empfangenen Kindes ist. Vielmehr wird Jesus von Josef mit der Aufnahme der Mutter, der Annahme des Kindes und der Namensgebung rechtskräftig als Sohn adoptiert.

»Josef, du Sohn Davids, fürchte dich nicht, Maria, deine Frau, zu dir zu nehmen; denn was sie empfangen hat, das ist von dem Heiligen Geist. Und sie wird einen Sohn gebären, dem sollst du den Namen Jesus geben …« (Matthäus 1,20f.). Dass man Jesus nach Lukas 3,23 »für den Sohn Josefs hielt«, bezeichnet nicht nur eine – dann ja fälschliche – Meinung. Es ist vielmehr der Ausdruck der rechtsgültigen Annahme Jesu durch Josef an Kindes statt, wodurch Jesus die gleichen Rechte und die gleiche Stellung wie ein leiblicher Sohn erhält.

In Wahrheit liegt für beide Evangelisten in der Hinführung des Stammbaums der Nachkommen Davids auf den *Adoptivvater* Jesu nicht etwa eine Verlegenheit und Ungereimtheit der Überlieferung, sondern gerade das Geheimnis des einzigartigen Davidssohns Jesus Christus. Die *menschlichen* Davididen und Könige Israels nach David gelten als »Söhne Davids« *von Geburt* an – und werden dann mit ihrer Inthronisation als »Sohn Gottes« *eingesetzt*. Sie werden als menschliche Gesalbte von Gott gleichsam *adoptiert*: »Du bist mein Sohn, heute habe ich dich gezeugt!« (Psalm 2,7).

Jesus Christus hingegen wird in einzigartiger Weise als Sohn Gottes *von Geburt* an erkannt, wie es die Ankündigungen seiner Geburt an Maria und an Josef bezeugen. Sein wahrer Ursprung liegt in Gott! Zum »Sohn Davids« – zum verheißenen Messias und König Israels – wird der einziggeborene »Sohn Gottes« und Herr mit seiner rechtsgültigen Annahme an Sohnes statt durch Josef.

Das ist auch der Grund, warum Jesus als der *Sohn* Davids von David selbst als sein eigener *Herr* anerkannt wird (Matthäus 22,41-46; Psalm 110,1). Und darin ist es begründet, dass das Kind in der Krippe von uns nicht nur bestaunt, sondern – mit den Weisen aus dem Morgenland – kniefällig verehrt und angebetet wird (Matthäus 2,11).

UNSER GROSSER BRUDER

Die Menschwerdung des
Sohnes Gottes zielt auf
die Gottessohnschaft
des Menschen.

Er wurde, was wir sind,
ein sterblicher Mensch,
damit wir teilhaben
an dem, was er ist,
ewiges Leben und
göttliche Liebe.

Als Töchter und
Söhne Gottes sind wir
Schwestern und Brüder
unseres großen Bruders,
des Herrn Jesus Christus,
mit dem wir erben und
in Freiheit leben dürfen.

Mk 3,34 f.; Röm 8,17.29;
2. Kor 6,18; Hebr 2,11 f.

IHR SOLLT MEINE SÖHNE
UND TÖCHTER SEIN!

Als kleine Brüder
und Schwestern des
von Gott so geliebten
einzigartigen Sohnes
haben auch wir mit
dem Kind in der Krippe
eine doppelte Perspektive.

Wir sind *gewollt*,
wo wir herkommen;
und wo wir hingehen,
werden wir *erwartet*.

Etwas Schöneres als
diese Wertschätzung
durch die Liebe Gottes
werden wir nicht einmal
im Himmel erfahren.

Und wenn auch wir von
dieser Zuversicht schon
hier und jetzt erfüllt sind,
verändert das alles
an unserem Leben
auf der Erde.

VON CHRISTUS BEGEISTERT

Was war das für ein
geheimnisvolles Glück
und für eine selbstlose
Freude der Erfüllung,
die Simeon geduldig
auf den Trost Israels und
den verheißenen Christus
warten ließ, bis er dann
das Kind Jesus entzückt
auf den Armen hielt?

»Herr, nun lässt du deinen
Diener im Frieden gehen,
wie du gesagt hast;
denn meine Augen haben
deinen Heiland gesehen.«

Das größte Glück
besteht wohl darin,
in Jesus Christus
etwas zu finden,
was einem noch
wichtiger wird als
das eigene Glück.

Lk 2,29 f.

DA NAHM ER DAS KIND JESUS
AUF SEINE ARME

In Gestalt des
Jesuskindes
können wir
Gottes Zuwendung
und Liebe zu uns
ganz unmittelbar
»begreifen«.

Wer diese Liebe
einmal
begriffen hat,
der ist von ihr
bleibend und
unweigerlich
ergriffen.

Lk 2,25-33

DANKE FÜR DICH

Danke für dich,
deine Liebe zu mir!
Für deine Hingabe
danke ich dir!

Lass mich dich lieben,
zum Danken bereit
in allem und allezeit.[22]

Gal 2,20; Eph 5,20;
Kol 2,7; 1. Thess 5,18

DENN UNS IST EIN KIND GEBOREN

Ich ahne jenseits meiner Fragen,
du willst noch völlig anders sein,
nicht Antwort nur auf mein Verlangen,
das suchte ich in früh'ren Tagen.

Je mehr ich dich verstehen lerne,
muss ich mit deinen Augen sehn.
Es ist der Wunsch, dich zu ergreifen,
doch scheint's, als ob ich mich entferne.

Nichts will ich ohne dich erleben,
in allem Leiden dich nur sehn,
in allem Schönen deine Liebe,
selbst im Versagen dein Vergeben.

Ich kann in Liedern es nicht zeigen,
doch kommt die Liebe ja von dir.
Du kennst mich und wirst mich erhören,
ich werde sehn und werde schweigen.[23]

ZEIT DER GUTEN VORSÄTZE

Die besinnlichen Tage
über Weihnachten und
den Jahreswechsel
laden uns immer wieder
zu guten Vorsätzen und
neuen Versprechen ein.

Dabei ist Weihnachten
doch eigentlich das Fest
der sich erfüllenden
Verheißungen Gottes
und der Zusage seiner
Treue und Gegenwart.

Wie oft haben wir schon
gute Vorsätze gefasst
und Gott versprochen,
dieses oder jenes neu
und anders zu machen.

Und wie oft waren wir
dann doch wieder
im neuen Jahr
ganz die Alten
und von uns selbst
erneut enttäuscht.

Gib Gott lieber keine
leeren Versprechen,
sondern erlaube ihm,
seine Verheißungen
auch in deinem Leben
zu erfüllen!

DER RUF EINES KÖNIGS ZWISCHEN KRIPPE UND KREUZ

Wenn du geplagt
und müde bist,
will ich dich
erquicken.

Komm her zu mir
und lade ab,
was dich auch
beschwert.

Nimm auf dich
und lern von mir,
alles so wie
ich zu tragen.

Ruhe findest du
bei mir;
meine Last
ist leicht.[24]

Mt 11,28-30

UND DIE ENGEL DIENTEN IHM
VON GEBURT BIS AUFERSTEHUNG

Er hat seinen Engeln
im Himmel befohlen,
dass sie dich behüten,
wohin du auch gehst.
Sie werden dich tragen.
Wer wollte es wagen,
dir bleibend zu schaden,
wenn du vor ihm stehst.

Im Schatten der Flügel
allmächtiger Liebe
wird er dich beschirmen,
der über dir wacht.
Will er dich erretten
von Leid, Not und Ketten,
muss dich nicht mehr schrecken
das Grauen der Nacht.

Er will dich bewahren
vor allen Gefahren.
Auf ihn kannst du hoffen,
zu ihm kannst du flieh'n.

Er hört unser Beten,
wenn wir vor ihn treten.
Und wenn wir ihn kennen,
dann lieben wir ihn.

Er hat seinen Engeln
im Himmel befohlen,
dass sie dich behüten,
wohin du auch gehst.
Sie werden dich tragen.
Wer wollte es wagen,
dir bleibend zu schaden,
wenn du vor ihm stehst.[25]

Nach Psalm 91,11 f. bzw. 1-16;
Mt 1,20.24; 2,19; 4,11; 26,53; 28,2; Mk 1,13;
Lk 1,26-38; 2,9-15; 22,43; Joh 1,51; 20,12 f.

WIE SOLL ICH DICH EMPFANGEN?
DIE NACHT, IN DER SICH DER HIMMEL ÖFFNET

»Jauchzet, frohlocket, auf, preiset die Tage, rühmet, was heute der Höchste getan!« Mit »Pauken und Trompeten« und mit herausfordernder – oder auch irritierender – Fröhlichkeit werden Jahr für Jahr die Besucher der Kantatengottesdienste und der Aufführung des Weihnachtsoratoriums wieder aus ihrem Alltag herausgerissen.

Mit den jahrhundertealten Klängen werden sie in ein Geschehen hineingenommen, das nun schon zwei Jahrtausende zurückliegt. Sie werden »heute« zu einer ausgelassenen Freude über Ereignisse eingeladen, die für ihr Bewusstsein und Empfinden eben noch im »Gestern« oder eher noch im »Vorgestern« lagen.

»Heute« ist doch nicht die Zeit Johann Sebastian Bachs, nicht 1734 nach Christus. »Heute« ist noch weniger das Jahr 4 vor Christus, in dem Jesus geboren worden sein dürfte. »Heute« ist unsere Wirklichkeit hier und jetzt. »Heute« ist das, was wir unmittelbar wahrnehmen, was wir jetzt erfahren und fühlen, erleiden und tun. Und in der Beschleunigung des ablaufenden Jahres und der Weihnachtsvorbereitungen scheint das »Heute« eher noch kürzer getaktet zu sein als im übrigen Jahresverlauf.

Warum werden dennoch auch dieses Jahr wieder viele von uns an Weihnachten Gottesdienste besuchen, um sich das Evangelium von der großen Freude der Geburt dieses einen Kindes neu zusprechen zu lassen? Warum werden wieder Unzählige unter dem Klang der Kantaten, Choräle und Weihnachtslieder innehalten und unwillkürlich besinnlich werden – ob nun emotional gerührt oder in Gedanken vertieft?

Daran allein, dass das Weihnachtsfest in unserer Tradition verankert ist oder dass es eben alle unausweichlich begehen, kann es nicht liegen. Mir fielen spontan gleich mehrere Anlässe ein, die traditionell verwurzelt sind oder bei denen alle Welt begeistert ist, ohne dass ich selbst davon berührt wäre, Entzugserscheinungen hätte oder mich bei Verzicht ausgegrenzt fühlen müsste.

Und wem wäre der ganze kommerzielle Rummel, das unüberhörbare Getöne von »Jingle Bells« und »Last Christmas« und der Duft von billigem Glühwein nicht schon so lästig geworden, dass es einem das Fest selbst darüber verleiden könnte? Symbolisch will man sich da zu Beginn des »*Christ*festes« an der Kirchentür erst einmal all die Oberflächlichkeit mit dem Schnee vom Mantel abstreifen – oder zumindest mit dem Regen vom Schirm abschütteln.

Warum halten wir auch im Familien- und Freundeskreis an der Feier dieser »geweihten Nacht« fest, selbst wenn wir uns ansonsten der christlichen Gemeinschaft und Tradition gegenüber eigentlich eher als distanziert empfinden? An ausschließlich guten familiären Erfahrungen mit dem »Fest des Friedens« kann es für viele nicht liegen. Schlagen doch gerade die überzogenen Erwartungen an eine Begegnung in Harmonie häufig in Enttäuschung, Gereiztheit und Melancholie um.

Es muss in der Botschaft dieser einen Nacht vor zweitausend Jahren ein Geheimnis geben, das uns trotz allem immer wieder neu zu faszinieren vermag; ein Geheimnis, dem wir allein durch die Diskussion der historischen Wahrscheinlichkeiten und verschiedenen Quellen so wenig näher kommen wie dem Reiz einer duftenden Rose durch das Abrupfen all ihrer Blütenblätter.

Als historisch arbeitender Theologe wird man unweigerlich zu jedem Weihnachtsfest in Diskussionen gezogen, in denen Verunsicherte durch Vernunftsargumente Glaubenserleichterung gewinnen wollen. Skeptiker wiederum mögen sich durch das Abwägen mutmaßlicher Fakten eher vor der Einladung zur Mitfreude an der Geburt Jesu schützen wollen.

Ja, es stimmt, die Zuordnung zu Bethlehem als Geburtsort Jesu und zu Nazareth als Ort seines Heranwachsens wird bei den Evangelisten Matthäus und Lukas auf verschiedene Weise begründet – bei dem einen mit der weiteren Gefährdung des Kindes nach der Rückkehr aus Ägypten (Matthäus 2,19ff.), bei dem anderen mit einer von dem Kaiser Augustus veranlassten Volkszählung (Lukas 2,1ff.39f.).

Ja, es trifft zu, dass beide Evangelien mit ihrem Zeugnis von der Davidssohnschaft Jesu wohl erst ab 70 nach Christus entstanden sind. Aber dass Jesus als »Sohn Davids« und »Messias« verstanden und angerufen wurde, ist die mit Abstand plausibelste historische Erklärung für die Veranlassung seiner späteren Gefangennahme und Kreuzigung. Vor allem aber sind die Titel Davidssohn, Christus und Gottessohn bereits in den Fünfzigerjahren des 1. Jahrhunderts – also gerade zwanzig Jahre nach den Ereignissen von Karfreitag und Ostern – in vielfältigen geprägten Formeln und Bekenntnissen durch die ältesten neutestamentlichen Schriften literarisch bezeugt (zum Beispiel Römer 1,3f.). Das ist – samt der breiten frühen Handschriftenbezeugung – eine Quellenlage, um die uns Altphilologen und Historiker beneiden.

Ja, die Beobachtung ist zutreffend, dass beide überlieferten Stammbäume Jesu (Matthäus 1,1ff.; Lukas 3,23ff.) im unmittelbaren Sinne gar nicht auf Jesus selbst zulaufen, sondern auf Josef, der nach beiden Evangelisten ausdrücklich nicht als der leibliche Vater verstanden werden soll, sondern als der Adoptivvater des von Maria geborenen »Gottessohnes« (Matthäus 1,18-25; Lukas 1,34f.; 3,23). Wer dies nun aber als eine Verlegenheit oder gar Unachtsamkeit der Verfasser deutet, übersieht gerade die theologische Pointe. Die menschlichen Davididen gelten als »Söhne Davids« von Geburt an und werden mit ihrer Inthronisation als »Sohn Gottes« eingesetzt (Psalm 2,7: »Heute habe ich dich gezeugt«). Jesus Christus hingegen wird in einzigartiger Weise als Sohn Gottes von Geburt an verstanden, der mit seiner Adoption durch Josef zum »Sohn Davids« wird.

Dieses selbe Motiv der Überbietung ist auch in dem Zeugnis von der wunderbaren Geburt Jesu ohne die Zeugung eines menschlichen Vaters zu erkennen. Die besondere Geburt ausgezeichneter Erwählter Gottes – wie zum Beispiel Isaak oder Samuel – wird hier in einzigartiger Weise nochmals übertroffen.

Aber bleiben Geburt in Bethlehem und Jungfrauengeburt mit Adoption durch Josef nicht beim Johannesevangelium dann unerwähnt? Man kann es noch provozierender formulieren: Johannes greift sogar die gegnerischen Einwände hinsichtlich der Abstammung von Josef und der Herkunft aus Nazareth in Galiläa ausdrücklich auf: »Ist dieser nicht Jesus, der

Sohn Josefs, dessen Vater und Mutter wir kennen?«
(Johannes 7,42; vgl. 1,45f.; 6,42; 7,42.52). Warum
argumentiert er dann nicht mit der Geburt des
Christus als des Davidssohns aus Bethlehem, wenn
er doch selbst auf die prophetische Verheißung aus
Micha 5,1 anspielt (Johannes 7,42) und offensichtlich auch das Lukasevangelium gekannt hat?

Die Antwort ist so einfach wie überraschend: weil
Johannes nicht *weniger* von Jesus von Nazareth zu
bezeugen weiß, sondern noch *viel mehr!* Nach ihm
soll Jesus als der erkannt und bekannt werden, »der
vom Himmel herab gekommen ist« (Johannes 6,41-
44) und der als das »Wort Gottes« schon lange vor
seiner Menschwerdung persönlich bei seinem himmlischen Vater wohnte. So verbirgt sich die Weihnachtsgeschichte dieses Evangeliums in dem hymni-
schen Bekenntnis: »Und das Wort ward Fleisch – ein
sterblicher Mensch – und wohnte unter uns, und
wir schauten seine Herrlichkeit, eine Herrlichkeit als
des einziggeborenen Sohnes vom Vater, voller Gnade
und Wahrheit« (Johannes 1,14).

Ganz offensichtlich ist es unmöglich, dem Anspruch
der Weihnachtsgeschichte und dem Geheimnis der
Geburt Jesu Christi dadurch beizukommen, dass
man historische Indizien abgleicht, menschliche
Wahrscheinlichkeiten abwägt und geschichtliche
Analogien als Verständnishilfe bemüht. Den ersten

Christen, den Aposteln und Evangelisten wäre das wohl so vorgekommen, als wolle man die Sonne erreichen, indem man sich auf einen Hügel begibt und sich mit erhobenen Armen nach dem Himmel ausstreckt.

Die Freude der Hirten wurde bekanntlich nicht durch nächtliche Diskussionen am Lagerfeuer ausgelöst, sondern dadurch, dass sich für sie der Himmel öffnete und »der Engel des Herrn zu ihnen trat« und sie ansprach (Lukas 2,9ff.): »Siehe, ich verkündige euch große Freude, die allem Volk widerfahren wird; denn euch ist heute der Heiland geboren, welcher ist Christus, der Herr, in der Stadt Davids« (Lukas 2,10).

Warum aber wollen wir dann immer wieder neu an dieses geheimnisvolle und unvergleichliche Ereignis der Geburt Jesu erinnert werden? Nicht nur um der Vergangenheit willen, auch nicht nur um unserer eigenen Kindheit willen – so sie denn überhaupt Erinnerungen von Zuwendung, Geborgenheit und Glückseligkeit in sich birgt.

Wir wollen uns an das Gestern erinnern lassen um der noch unausgeschöpften Quellen für das Heute willen. Wir besinnen uns auf die Vergangenheit um ihrer noch uneingelösten Zuversicht und Zukunft willen. Denn das Schönste an unserer Vergangenheit war ihre Zukunft – und das ist unsere Gegenwart! »Heute« ist das gestern verheißene Morgen.

Denn das, was uns in dem Weihnachtsevangelium zugesagt wird, das können wir uns nicht selbst zusprechen. Dass Gott ist und dass er für uns ist, dass unser Leben und die Geschichte dieser Welt einen Sinn haben – dies alles können wir nicht eindeutig und zweifelsfrei aus der eigenen Erfahrung heraus begründen. Eine solche Perspektive des offenen Himmels können wir uns nicht selbst eröffnen. Eine solche Zuversicht des Vertrauens, der Geborgenheit und der Zuwendung können wir nicht aus unserem eigenen hektischen Getriebe und aus unserer mehrdeutigen Wirklichkeit ableiten.

In seltsamem Kontrast zwischen der wirklichkeitsschweren Melodie des Passionsliedes »O Haupt voll Blut und Wunden« und der freudigen Realitätserwartung des Advents werden Christen auch »heute« wieder fragen: »Wie soll ich dich empfangen und wie begegn' ich dir?« Und sie werden nach all dem, was sie aus einem langen Jahr mit sich bringen, aus dem Zuversicht gewinnen, was – nicht die Lösung aller Rätsel, sondern – das Geheimnis des christlichen Weihnachtsfestes ist: »*Nichts, nichts hat dich getrieben zu mir vom Himmelszelt als das geliebte Lieben, damit du alle Welt in ihren tausend Plagen und großen Jammerlast, die kein Mund kann aussagen, so fest umfangen hast.*«

BIBLISCHE MOTIVE UND TEXTE
DER WEIHNACHTSLIEDER UND DES WEIH-
NACHTSORATORIUMS VON J. S. BACH (WO)

1. Mose 3,23f.: Da wies ihn Gott der HERR aus dem Garten Eden, dass er die Erde bebaute, von der er genommen war. ²⁴ Und er trieb den Menschen hinaus und ließ lagern vor dem Garten Eden **die Cherubim** mit dem flammenden, blitzenden Schwert, zu bewachen den Weg zu dem Baum des Lebens.
(Vgl. EG 27,6: »Heut schließt er wieder auf die Tür«)

4. Mose 24,17: (Es sagt Bileam:) Ich sehe ihn, aber nicht jetzt; ich schaue ihn, aber nicht von Nahem. **Es wird ein Stern aus Jakob aufgehen** und ein Zepter aus Israel aufkommen …
(Vgl. **Lk 1,78**: »der **Aufgang aus der Höhe**«; **Joh 3,30**: »Er muss wachsen, d. h. **als Gestirn aufgehen**«; **Offb 22,16**: »der helle Morgenstern«)

1. Samuel 16,1.11: Und der HERR sprach zu Samuel: … Fülle dein Horn mit Öl und geh hin: Ich will dich senden zu dem **Bethlehemiter Isai**; denn **unter seinen Söhnen** hab ich mir einen **zum König ersehen**. … Und Samuel sprach zu Isai: Sind das die Knaben alle? Er aber sprach: Es ist noch übrig der jüngste; und **siehe, er hütet die Schafe**. Da sprach Samuel zu Isai: Sende hin und lass ihn holen.

2. Samuel 7,12-16: Wenn nun deine Zeit um ist und du [David] dich zu deinen Vätern schlafen legst, **will ich dir einen Nachkommen erwecken**, der von deinem Leibe kommen wird; dem will ich sein Königtum bestätigen. ¹³ Der soll meinem Namen ein Haus bauen, und **ich will seinen Königsthron bestätigen ewiglich**. ¹⁴ **Ich will sein Vater sein, und er soll mein Sohn sein**.... ¹⁶ Aber dein Haus und **dein Königtum sollen beständig sein in Ewigkeit vor mir, und dein Thron soll ewiglich bestehen**.

Psalm 2,1f.: Warum **toben die Völker und murren die Nationen** so vergeblich? ² Die Könige der Erde lehnen sich auf, und die Herren halten Rat miteinander wider den HERRN und seinen Gesalbten.
(Vgl. König Herodes, Mt 2,1-18)

Psalm 72,10f.: **Die Könige** von Tarsis und auf den Inseln **sollen Geschenke bringen**, die Könige aus Saba und Scheba sollen Gaben senden. ¹¹ **Alle Könige sollen vor ihm niederfallen** und alle Völker ihm dienen.
(S. auch **Jes 60,3**. Vgl. die Weisen aus dem Morgenland, **Mt 2,1-12**, die dann in der Tradition als die »Heiligen Drei Könige« verstanden wurden)

Psalm 73,1.26: Gott ist dennoch **Israels Trost** für alle, die reines Herzens sind.... ²⁶ Wenn mir gleich Leib und Seele verschmachtet, so bist du doch, Gott, allezeit meines Herzens **Trost** und mein Teil. (S. **Lk 2,25**: »wartete auf den **Trost Israels**«; vgl. **Jer 14,8**; Jes 40,1; 49,13)

Psalm 118,25f.: O HERR, hilf [Hosianna]! O HERR, lass wohlgelingen! [26] Gelobt sei, der da kommt im Namen des HERRN! Wir segnen euch vom Haus des HERRN.

Psalm 130,7f.: Hoffe Israel auf den HERRN! Denn bei dem HERRN ist die Gnade und viel Erlösung bei ihm. [8] Und **er wird Israel erlösen aus allen seinen Sünden**. (S. Mt 1,21)

Jesaja 1,3: Ein **Ochse** kennt seinen Herrn und ein **Esel** die **Krippe seines Herrn**; aber Israel kennt's nicht, und mein Volk versteht's nicht.
(Jes 1,3 ist der Ausgangspunkt für die Vorstellung von »Ochse und Esel« im Stall in Bethlehem; sie kommen aber in der neutestamentlichen Geburtsgeschichte Jesu weder in Mt 1–2 noch Lk 1–2 vor. Ausdrücklich erwähnt wird ein **Esel** allerdings beim Einzug Jesu in Jerusalem **Mt 21,2.5** par. **Joh 12,14; vgl. Lk 13,15**.)

Jesaja 6,2f.: Serafim standen über ihm; … [3] Und einer rief zum andern und sprach: **Heilig, heilig, heilig ist der Herr Zebaoth**, alle Lande sind seiner Ehre voll! (Vgl. Offb 4,8)

Jesaja 7,14: Darum wird euch der HERR selbst ein Zeichen geben: Siehe, **eine Jungfrau ist schwanger und wird einen Sohn gebären**, den wird sie nennen **Immanuel**.
(S. zur Geburt aus einer Jungfrau **Mt 1,18-25**, hier V. 23; **Lk 1,26-38**; hier V. 27.34f. S. zu **Immanuel Mt 1,23**)

Jesaja 9,1: Das Volk, das im Finstern wandelt, sieht ein großes Licht, und über denen, die da wohnen im finstern Lande, scheint es hell. ... [5] Denn **uns ist ein Kind geboren**, ein Sohn ist uns gegeben, und die Herrschaft ruht auf seiner Schulter; und er heißt Wunder-Rat, Gott-Held, Ewig-Vater, Friede-Fürst; [6] **auf dass seine Herrschaft groß werde und des Friedens kein Ende auf dem Thron Davids** und in seinem Königreich, dass er's stärke und stütze durch Recht und Gerechtigkeit von nun an bis in Ewigkeit. Solches wird tun der Eifer des HERRN Zebaoth.
(Vgl. zu 9,1: Mt 4,16; zu 9,6: Lk 1,32f.)

Jesaja 11,1f.: Und **es wird ein Reis hervorgehen** aus dem Stamm Isais und ein Zweig aus seiner Wurzel Frucht bringen. [2] Auf ihm wird ruhen der Geist des HERRN, der Geist der Weisheit und des Verstandes, der Geist des Rates und der Stärke, der Geist der Erkenntnis und der Furcht des HERRN.
(Vgl. EG 30: »Es ist ein Ros entsprungen aus einer Wurzel zart«)

Jesaja 45,8: Träufelt, ihr Himmel, von oben, und ihr Wolken, regnet Gerechtigkeit! Die Erde tue sich auf und bringe Heil, und Gerechtigkeit wachse mit auf! Ich, der Herr, habe es geschaffen.

Jesaja 57,19: **Friede, Friede** denen in der Ferne und denen in der Nähe, spricht der Herr; ich will sie heilen.

Jesaja 60,1-6: Mache dich auf, werde licht; **denn dein Licht kommt**, und die Herrlichkeit des Herrn geht auf über dir! ² Denn siehe, Finsternis bedeckt das Erdreich und Dunkel die Völker; aber **über dir geht auf der Herr, und seine Herrlichkeit erscheint über dir**. ³ Und **die Völker werden zu deinem Lichte ziehen und die Könige zum Glanz, der über dir aufgeht**. ⁴ Hebe deine Augen auf und sieh umher: Diese alle sind versammelt, kommen zu dir. Deine Söhne werden von ferne kommen und deine Töchter auf dem Arme hergetragen werden. ⁵ Dann wirst du es sehen und vor Freude strahlen, und dein Herz wird erbeben und weit werden, **wenn sich die Schätze der Völker am Meer zu dir kehren und der Reichtum der Völker zu dir kommt**. ⁶ Denn die Menge der Kamele wird dich bedecken, die jungen Kamele aus Midian und Efa. Sie werden aus Saba alle kommen, **Gold** und **Weihrauch** bringen und des Herrn Lob verkündigen.
(Vgl. zu 60,3.5f.: **Ps 72,10f.; Mt 2,1-12**)

Jesaja 63,19b–64,3: Ach **dass du den Himmel zerrissest** und führest herab, dass die Berge vor dir zerflössen, wie Feuer Reisig entzündet und wie Feuer Wasser sieden macht, dass dein Name kundwürde unter deinen Feinden und die Völker vor dir zittern müssten, … ³ Kein Ohr hat gehört, kein Auge hat gesehen einen Gott außer dir, der so wohltut denen, die auf ihn harren.
(Vgl. EG 7: »O Heiland, reiß die Himmel auf«)

Jeremia 14,8: Du bist der **Trost Israels** und sein Nothelfer.
(S. **Ps 73,1.26**; vgl. **Lk 2,25**)

Daniel 7,14: Ihm wurde gegeben Macht, Ehre und Reich, dass ihm alle Völker und Leute aus so vielen verschiedenen Sprachen dienen sollten. **Seine Macht ist ewig und vergeht nicht, und sein Reich hat kein Ende**. (Vgl. Lk 1,33)

Daniel 7,28: Aber ich, Daniel, wurde sehr beunruhigt in meinen Gedanken …; doch **behielt ich die Rede in meinem Herzen**. (Vgl. Lk 2,19.51)

Micha 5,1: Und du, **Bethlehem** Efrata, die du klein bist unter den Tausenden in Juda, aus dir soll mir der kommen, der in Israel Herr sei, dessen Ausgang von Anfang und von Ewigkeit her gewesen ist.
(S. Mt 2,1.5-8; Lk 2,4.15; Joh 7,42)

Sacharja 9,9: Du, **Tochter Zion, freue dich sehr**, und du, Tochter Jerusalem, jauchze! Siehe, dein König kommt zu dir, ein Gerechter und ein Helfer, arm und reitet auf einem Esel, auf einem Füllen der Eselin. (S. beim Einzug Jesu in Jerusalem **Mt 21,5; Lk 13,15; Joh 12,14**; vgl. EG 13 »Tochter Zion, freue dich«)

Maleachi 3,20: Euch aber, die ihr meinen Namen fürchtet, **soll aufgehen die Sonne der Gerechtigkeit** und Heil unter ihren Flügeln. Und ihr sollt herausgehen und springen wie die Mastkälber. (S. Lk 1,78; Joh 8,12)

2. Makkabäer 9,7: Dennoch ließ er [Antiochus] von seinem wilden Trotz nicht ab, sondern wurde noch überheblicher und **schnaubte** Feuer vor Wut gegen die Juden.

(**Apg 9,1**: Saulus aber **schnaubte** noch mit Drohen und Morden gegen die Jünger des Herrn.)

Die Weihnachtsgeschichte findet sich im Neuen Testament in zwei voneinander unabhängigen Überlieferungen nach den Evangelisten Matthäus und Lukas im Rahmen der jeweiligen Vorgeschichten: Matthäus 1,1–2,23 und Lukas 1,5–2,52.

Aufbau der Kindheitsgeschichte Matthäus 1,1–2,23

Die Weihnachtsgeschichte nach dem Matthäusevangelium

Matthäus 2,1-12 Da Jesus geboren war zu Bethlehem in Judäa zur Zeit des Königs Herodes, siehe, da kamen Weise aus dem Morgenland nach Jerusalem und sprachen: [2] Wo ist der neugeborene König der Juden? Wir haben seinen Stern aufgehen sehen und sind gekommen, ihn anzubeten. [3] Als das der König Herodes hörte, erschrak er und mit ihm ganz Jerusalem, [4] und er ließ zusammenkommen alle Hohenpriester und Schriftgelehrten des Volkes und erforschte von ihnen, wo der Christus geboren werden sollte.

[5] Und sie sagten ihm: In Bethlehem in Judäa; denn so steht geschrieben durch den Propheten (Micha 5,1; 2. Samuel 5,2): [6] »Und du, Bethlehem im Lande Juda, bist mitnichten die kleinste unter den Fürsten in

Juda; denn aus dir wird kommen der Fürst, der mein Volk Israel weiden soll.« [7] Da rief Herodes die Weisen heimlich zu sich und erkundete genau von ihnen, wann der Stern erschienen wäre, [8] und schickte sie nach Bethlehem und sprach: Zieht hin und forscht fleißig nach dem Kindlein; und wenn ihr's findet, so sagt mir's wieder, dass auch ich komme und es anbete. [9] Als sie nun den König gehört hatten, zogen sie hin. Und siehe, der Stern, den sie hatten aufgehen sehen, ging vor ihnen her, bis er über dem Ort stand, wo das Kindlein war. [10] Da sie den Stern sahen, wurden sie hocherfreut [11] und gingen in das Haus und fanden das Kindlein mit Maria, seiner Mutter, und fielen nieder und beteten es an und taten ihre Schätze auf und schenkten ihm Gold, Weihrauch und Myrrhe. [12] Und da ihnen im Traum befohlen wurde, nicht wieder zu Herodes zurückzukehren, zogen sie auf einem andern Weg wieder in ihr Land.

Aufbau der Kindheitsgeschichte Lukas 1,5–2,52
(Verheißung und Erfüllung/Johannes d. T. und Jesus)

Verheißung 1,5-56   *Diptychon/Polyptychon*
A **1,5-25** <u>Ankündigung</u> der Geburt des **Johannes**
                    Stereometrische Darstellung
B **1,26-38** <u>Ankündigung</u> der Geburt **Jesu**
   1,39-56 Maria, die Mutter *Jesu*, bei Elisabeth, der Mutter des *Johannes*
                    (Scharnierfunktion: Erste »Begegnung«)

Erfüllung 1,57–2,40

A **1,57-80** <u>Geburt</u> des **Johannes** (V. 59ff.
Beschneidung und Namensgebung,
1,80 Refrain über das Wachsen)

B **2,1-7** <u>Geburt</u> **Jesu**
2,8-20 Anbetung des Kindes
2,21-38 Beschneidung, Namensgebung
und Darstellung im Tempel
2,39-40 Kindheit in Nazareth (2,40 Refrain
über das Wachsen)
(**2,41-52** Der zwölfjährige Jesus im Tempel)

Die Weihnachtsgeschichte nach dem Lukasevangelium

Lukas 2,1-20 Es begab sich aber zu der Zeit, dass ein
Gebot von dem Kaiser Augustus ausging, dass alle
Welt geschätzt würde. [2] Und diese Schätzung war die
allererste und geschah zur Zeit, da Quirinius Statt-
halter in Syrien war. [3] Und jedermann ging, dass er
sich schätzen ließe, ein jeglicher in seine Stadt. [4] Da
machte sich auf auch Josef aus Galiläa, aus der Stadt
Nazareth, in das judäische Land zur Stadt Davids,
die da heißt Bethlehem, darum dass er aus dem Hause und Geschlechte Davids war, [5] auf dass er sich
schätzen ließe mit Maria, seinem vertrauten Weibe;
die war schwanger. [6] Und als sie daselbst waren, kam
die Zeit, dass sie gebären sollte. [7] Und sie gebar ihren
ersten Sohn und wickelte ihn in Windeln und leg-

te ihn in eine Krippe; denn sie hatten sonst keinen Raum in der Herberge.

⁸ Und es waren Hirten in derselben Gegend auf dem Felde bei den Hürden, die hüteten des Nachts ihre Herde. ⁹ Und des Herrn Engel trat zu ihnen, und die Klarheit des Herrn leuchtete um sie; und sie fürchteten sich sehr. ¹⁰ Und der Engel sprach zu ihnen: Fürchtet euch nicht! Siehe, ich verkündige euch große Freude, die allem Volk widerfahren wird; ¹¹ denn euch ist heute der Heiland geboren, welcher ist Christus, der Herr, in der Stadt Davids. ¹² Und das habt zum Zeichen: Ihr werdet finden das Kind in Windeln gewickelt und in einer Krippe liegen. ¹³ Und alsbald war da bei dem Engel die Menge der himmlischen Heerscharen, die lobten Gott und sprachen: ¹⁴ Ehre sei Gott in der Höhe und Friede auf Erden bei den Menschen seines Wohlgefallens.

¹⁵ Und da die Engel von ihnen gen Himmel fuhren, sprachen die Hirten untereinander: Lasst uns nun gehen gen Bethlehem und die Geschichte sehen, die da geschehen ist, die uns der Herr kundgetan hat. ¹⁶ Und sie kamen eilend und fanden beide, Maria und Josef, dazu das Kind in der Krippe liegen. ¹⁷ Da sie es aber gesehen hatten, breiteten sie das Wort aus, welches zu ihnen von diesem Kinde gesagt war. ¹⁸ Und alle, vor die es kam, wunderten sich über die Rede, die ihnen die Hirten gesagt hatten. ¹⁹ Maria aber behielt alle diese Worte und bewegte sie in ihrem Herzen. ²⁰ Und die Hirten kehrten wieder

um, priesen und lobten Gott für alles, was sie gehört und gesehen hatten, wie denn zu ihnen gesagt war.

(Bei der Übersetzung von Lukas 2,1-20 wurde so weit wie möglich der altvertraute Wortlaut der Weihnachts-geschichte nach den älteren Versionen der Lutherbibel gewahrt.)

Siehe zusätzlich im Neuen Testament:

Johannes 1,9-14.16: Das war das wahre Licht, das alle Menschen erleuchtet, die in diese Welt kommen. [10] Er war in der Welt, und die Welt ist durch ihn gemacht; aber die Welt erkannte ihn nicht. [11] Er kam in sein Eigentum; und die Seinen nahmen ihn nicht auf. [12] Wie viele ihn aber aufnahmen, denen gab er Macht, Gottes Kinder zu werden, denen, die an seinen Namen glauben, [13] die nicht aus dem Blut noch aus dem Willen des Fleisches noch aus dem Willen eines Mannes, sondern aus Gott geboren sind. [14] Und **das Wort ward Fleisch und wohnte unter uns, und wir schauten seine Herrlichkeit, eine Herrlichkeit als des einziggeborenen Sohnes vom Vater, voller Gnade und Wahrheit**. ... [16] Von seiner Fülle haben wir alle genommen Gnade um Gnade.

Galater 4,4f.: Als aber die Zeit erfüllt war, **sandte Gott seinen Sohn, geboren von einer Frau** und dem Gesetz unterworfen, [5] damit er die dem Gesetz

Unterworfenen freikaufte, damit wir die Sohnschaft
[d. h. die Annahme an Sohnes statt] empfingen.

Offb 22,16.20: Ich bin die Wurzel und das Geschlecht Davids, der helle Morgenstern … Ja, ich
komme bald. – Amen, komm, Herr Jesus!

**»Dies hat er alles uns getan, sein groß Lieb zu
zeigen an« (WO Nr. 28) – »Herr, dein Mitleid,
dein Erbarmen … Deine holde Gunst und Liebe«
(WO Nr. 29)**

Die **Liebe Gottes, des Vaters**: Joh 3,16; 1. Joh 4,9f.;
Röm 5,8; 8,31f.; Eph 2,4ff. – Die hingebungsvolle
Liebe Jesu Christi: Joh 13,1; 15,12f.; 1. Joh 3,16; vgl.
Gal 2,20; Eph 5,2.25b; Offb 1,5b. S. zur **Liebe Gottes** insgesamt: 5. Mose 7,7f.; 32,9-12; 33,3; Ps 18,20;
103,13; Jes 43,4-7; 46,3f.; 49,15; 54,5f.; 62,4f.; 63,9;
Jer 3,19; **31,3**.20; 32,40f.; Hes 16; **Hos 2,21f.**; 11,1-
4.8; 14,5-9; **Zeph 3,17**; **Joh 3,16**; 13,1.34; 14,21.23;
15,9-14; 16,26f.; 17,23-26; **Röm 5**,5-8; **8,31-39**;
2. Kor 5,14f.; 11,2; 13,13; Gal 2,20; Eph 1,4f.; 2,4ff.;
3,19; 5,1f. 25-27; 1. Thess 1,4; 2. Thess 2,16; 3,5;
1. Joh 3,1.16; 4,7-21; Offb 1,5f.; 19,7-9

**Zum Sinnbild der Hochzeit und der erotischen
Liebe für das Verhältnis Gottes zu seinem Volk
bzw. Jesu Christi zu seiner Gemeinde** s. **Jes 54,5-
10; 62,4f.**; Jer 2,2f.; Hes 16,1-63 (spez. V. 4-8);

Hos 2,18.21f.; Mk 2,18-20 par. **Mt 22,2; 25,1-11; Joh 2,1-12; 3,29; 1. Kor 6,14ff.; 2. Kor 11,2; Eph 5,23-27; Offb 19,7-9; 21,9.** Das **Hohelied Salomos** wurde von Israel und der Kirche zugleich als Sinnbild für das Gottesverhältnis des Menschen/seiner Seele verstanden (Hoheslied 1–8).

ANMERKUNGEN

1 »Macht hoch die Tür, die Tor macht weit« – Zur Entfaltung der christlichen Erwartung des Kommenden, der »Lehre von den letzten Dingen«/der Eschatologie s. Hans-Joachim Eckstein, Christus ist mein Leben – Was kommt nach dem Sterben, in: *ders.*, Du bist geliebter, als du ahnst. Zur Beziehungsgewissheit, Grundlagen des Glaubens 3, Holzgerlingen ²2018, 107-127; *ders.*, Zur Wiederentdeckung der Hoffnung. Grundlagen des Glaubens, Holzgerlingen ²2008.

2 Die Schreibweise der Bezeichnung »Herr« in Großbuchstaben bzw. in Kapitälchen »HERR« weist darauf hin, dass sich im hebräischen Text des Alten Testaments hier der Gottesname JHWH findet. »Jahwe« ist der Eigenname des Gottes Israels, der gemäß 2. Mose 3,14 (»Ich bin, der ich bin«/»Ich werde [da] sein«) als »er ist«/»er ist da«/»er erweist sich als wirksam« gedeutet werden darf; vgl. 2. Mose 6,2.3; Hes 6,14; 7,27; 37,13 u. ö.

3 »Advent« – Noten: Hans-Joachim Eckstein, Liederbuch. Gesamtausgabe, Dettenhausen 2022, Nr. 25; Audio-CD: Wie ein Adler. Hans-Joachim Eckstein, Dettenhausen 2017, Nr. 02; Interpretation in: *ders.*, Wie ein Adler. Lieder persönlich erlebt, Holzgerlingen 2017, S. 162-167.

4 »Adventszeit ist die Zeit der Hoffnung« – S. zur Bedeutung der Hoffnung für den Glauben: Hans-Joachim Eckstein, Ich schenke deiner Hoffnung Flügel, Holzgerlingen [3]2015; *ders.*, Zur Wiederentdeckung der Hoffnung. Grundlagen des Glaubens, Holzgerlingen [2]2008.

5 »Du hast Gnade bei Gott gefunden« – S. zu Maria, der Mutter Jesu: Mt 1,16–2,11; Lk 1,26–2,52; *namentlich* noch Mk 6,3 par. Mt 13,55; Apg 1,14; als »seine *Mutter*« Mk 3,31-35 par. (Jesu wahre Verwandte); vgl. Lk 11,27f. (Seligpreisung seiner Mutter [Sondergut]). Im Johannesevangelium wird sie nirgends namentlich erwähnt, sondern als »seine Mutter« bezeichnet: s. Joh 2,1-12 (Hochzeit zu Kana); Joh 19,25-27 (Unter dem Kreuz), vgl. 6,42.

6 »Voraussetzungslos, aber folgenreich« – S. zur Vertiefung des Themas: Hans-Joachim Eckstein, Du liebst mich, also bin ich. Gedanken, Gebete und Meditationen, Holzgerlingen [17]2009.

7 »Wer brachte dem Messias das Laufen bei?« – Auffällig sind nach dem Matthäusevangelium bei Josef, dem Sohn des Jakob (Mt 1,16), die typologischen Verbindungen zu dem alttestamentlichen Stammvater Josef, dem Sohn des Jakob (1. Mose 37–50) – über die Namensgleichheit hinaus. Beide erhalten die göttlichen Botschaften in Träumen (Mt 1,20-25; 2,13.19f.22) und kommen bzw. ziehen zur Rettung ihrer Familie nach Ägypten (Mt 2,13-15).

8 Als »gerecht« wird das Verhalten Josefs angesichts der Schwangerschaft seiner Verlobten in Mt 1,19 bezeichnet, weil er auf das im Gesetz vorgesehene Verfahren der Anzeige wegen Unzucht nach 5. Mose 5,20f. (vgl. Joh 7,53–8,11) verzichtet und die Beziehung – ohne seine Verlobte bloßzustellen – beenden wollte.

9 Jesus gilt auch später noch als der »Sohn Josefs« (Lk 3,23; 4,22; Joh 1,45; 6,42), als der »Sohn des Zimmermanns« (Mt 13,55), der selbst von Beruf Zimmermann ist (Mk 6,3). Allerdings erscheint Josef nicht mehr im Kreis der Familie des erwachsenen Jesus – wie Maria, die Mutter Jesu, und dessen Schwestern und Brüder mit Namen Jakobus, Joses, Judas und Simon (Mk 6,3; vgl. Mk 3,31f.).

10 »Wo geht es denn hier zur Erfüllung der Verheißung?« – S. zur Vertiefung den Abschnitt »Es ist ein Ros entsprungen« in diesem Buch, S. 42.

11 »Einzigartige Liebe« – S. zur Vertiefung Hans-Joachim Eckstein, Du bist ein Wunsch, den Gott sich selbst erfüllt hat, ⁵2017.

12 »Der helle Morgenstern« – Unter dem Titel »Du bist das Licht« mit Noten in: Hans-Joachim Eckstein, Liederbuch. Gesamtausgabe, Nr. 7; Audio-CD: Lieder. Hans-Joachim Eckstein, Eckstein Production 2015, Nr. 7.

13 »Seit wann ist Jesus Gottes Sohn?« – S. zur Vertiefung: Hans-Joachim Eckstein, »Mein Herr und mein Gott«, in: *ders.*, Du bist geliebter, als du ahnst. Zur Bezie-

hungsgewissheit, GdG 3, Holzgerlingen 2018, 55-76; Hans-Joachim Eckstein, So haben wir doch nur einen Herrn. Die Anfänge trinitarischer Rede von Gott im Neuen Testament, in: *ders.*, Kyrios Jesus. Perspektiven einer christologischen Theologie, Neukirchen-Vluyn [2]2011, 3-22.

14 S. Hans-Joachim Eckstein, Glaube und Sehen. Markus 10,46-52 als Schlüsseltext des Markusevangeliums, in: *ders.*, Der aus Glauben Gerechte wird leben. Beiträge zur Theologie des Neuen Testaments, BVB 5, Münster u. a. [2]2007, 81-100.

15 Es fällt auf, dass der Evangelist Johannes nicht einmal die gegnerischen Vorwürfe bezüglich der Herkunft Jesu aus Nazareth und der vorgeblichen Vaterschaft des Josef mit der synoptischen Geburtsüberlieferung Jesu widerlegt (Joh 1,45; 6,42; 7,27.42), sondern unmittelbar mit dessen himmlischer Herkunft und Präexistenz bei Gott, seinem Vater, argumentiert (Joh 1,1-18).

16 S. zu den frühchristlichen »Christushymnen«: Joh 1,1-18; Phil 2,6-11; Kol 1,15-20; 1. Tim 3,16f.; Hebr 1,2f. S. zur Vertiefung: Hans-Joachim Eckstein, Am Anfang waren Bekenntnis und Lied, in: *ders.*, Wie ein Adler. Lieder persönlich erlebt, Holzgerlingen 2017, 186-190.

17 S. zur Präexistenz Christi im Neuen Testament vor allem: <u>Joh 1,1-3</u>°; 8,58*; 16,28*; 17,5°.24°; Röm 8,3*; <u>1. Kor 8,6</u>°; 1. Kor 10,3f.*; 2. Kor 8,9*; Gal 4,4*; Phil

2,6f.*; <u>Kol 1,15-17</u>°; Eph 1,3-14°; <u>Hebr 1,2f.</u>°; Apk 3,14° (° = vor Schöpfung; * = vor Inkarnation [wohl auch: Röm 8,3; Gal 4,4; 1. Kor 10,3f.]; <u>Schöpfungs-mittlerschaft</u>).

18 »Er kommt ganz auf den Großvater« – Lange vor dem Pferd diente der Esel auch als Reittier (2. Mose 4,20; Ri 1,14; 2. Kön 7,7) und war Kennzeichen der Vornehmen (Ri 5,10; 10,4; 12,14). Dementsprechend soll der in Sach 9,9 angekündigte neue König und Messias auf einem Esel einziehen. Der Esel hat als Haustier ausdrücklich teil an der gebotenen Sabbatruhe (2. Mose 23,12; 5. Mose 5,14) und soll nicht misshandelt werden (4. Mose 22,28-32). Herausragend aber ist die Darstellung der Eselin Bileams, die den Engel des Herrn – im Gegensatz zu Bileam – erkannte und zu dem Unverständigen durch Gottes Befähigung sprach (4. Mose 22,21-33). Hier finden wir die herausfordernde Gegenüberstellung von verständigem Haustier und verständnislosen Menschen von Jes 1,3 erzählerisch eindrücklich entfaltet.

19 S. den Abschnitt »Ich Esel« in diesem Buch, S. 90.

20 Mit der Perspektive des in Jerusalem einziehenden Königs feiern wir in unseren Gottesdiensten den *Beginn* der Adventszeit und des neuen Kirchenjahres am 1. Advent – unter dem Leitwort von Sach 9,9: »Siehe, dein König kommt zu dir, ein Gerechter und ein Helfer«, und dem Psalmgebet von Psalm 24: »Machet die Tore weit und die Türen in der Welt hoch, dass der

König der Ehre einziehe!« (24,9). So gesehen gedenken wir also des »Enkels des Esels« noch vor seinem »Großvater« im Stall in der Heiligen Nacht.

21 »Ein Stammbaum sagt mehr« – Ähnlich erscheint die symbolische Bedeutung auch bei der *Siebenzahl* der Diakone für die Versorgung der *griechischen* Witwen nach Apg 6,1-12 im Vergleich zur *Zwölfzahl* der Jünger als Repräsentanten für das Volk Gottes in *Israel*. Bei der Speisung der 4000 in dem *heidnischen* Gebiet der Dekapolis (Mk 8,1-9 par.) füllt das übrig gebliebene Brot wohl wiederum mit symbolischer Bedeutung ausdrücklich *sieben* Körbe (8,8), während bei der ersten Speisung vor den 5000 aus *Israel* (Mk 6,30-44 par.) bezeichnenderweise *zwölf* Körbe voll eingesammelt werden (6,43).

22 »Danke für Dich« – Noten: Hans-Joachim Eckstein, Liederbuch. Gesamtausgabe, Nr. 56.

23 »Denn uns ist ein Kind geboren« – Noten: Hans-Joachim Eckstein, Liederbuch. Gesamtausgabe, Nr. 12.

24 »Der Ruf eines Königs« – Noten in: Hans-Joachim Eckstein, Liederbuch. Gesamtausgabe, Nr. 14.

25 »Und die Engel dienten ihm« – Noten: Hans-Joachim Eckstein, Liederbuch. Gesamtausgabe, Nr. 58.

INHALT

DER AUTOR

Hans-Joachim Eckstein wurde 1950 in Köln geboren und wuchs in Bad Ems/Lahn auf. In der Jugendarbeit des CVJM und in der internationalen Freizeitarbeit der Torchbearers/Fackelträger bekam er nicht nur entscheidende Impulse für einen lebendigen und lebensbejahenden Glauben, sondern sammelte auch erste Erfahrungen in der Jugend- und Gemeindearbeit.

Im Alter von 19 Jahren begann er mit eigenen Liedkompositionen, Predigten und Vorträgen »Offene Abende«, Gottesdienste und Freizeiten zu gestalten. So war er mit einem Team während seines Studiums der Evangelischen Theologie in Erlangen und Tübingen von 1970 bis 1975 an den Wochenenden und in den Semesterferien zu Verkündigungsdiensten, Konzerten und Freizeiten in Deutschland, Österreich und der Schweiz unterwegs. Das erste Liederbuch »Jesus, du bist mein Leben« und das »Bibel-Anstreichsystem« entstanden bereits in dieser intensiven »Team-Zeit«.

Nach dem 1. Examen 1975 folgten Schuldienst, Vikariat und Promotion zum Dr. theol. (Untersuchung zum Begriff »Gewissen« bei Paulus). 1980–90 war Hans-Joachim Eckstein als Hochschulassistent an der Evangelisch-theologischen Fakultät der Universität Tübingen tätig, 1990–96 als Pfarrer der

Evangelischen Landeskirche in Württemberg im Hochschuldienst.

1994 erfolgte die Habilitation (»Verheißung und Gesetz. Eine exegetische Untersuchung zu Gal 2,15–4,7«) und die Verleihung des Landeslehrpreises vom Land Baden-Württemberg für seine pädagogischen und didaktischen Fähigkeiten. Hans-Joachim Eckstein erhielt verschiedene Rufe und nahm 1996–2001 eine Professur für Neues Testament an der Theologischen Fakultät der Universität Heidelberg wahr, 2001–2016 eine Professur an der Evangelisch-theologischen Fakultät der Universität Tübingen, Lehrstuhl für Neues Testament.

Neben vielen weiteren Ehrenämtern war er von 2004 bis 2021 Mitglied der Kammer für Theologie der Evangelischen Kirche in Deutschland, von 2004 bis 2015 Synodaler und Mitglied des Theologischen Ausschusses der Evangelischen Landeskirche in Württemberg.

Während all dieser Jahre hielt er zugleich seine vielfältige Vortrags- und Predigttätigkeit aufrecht und veröffentlichte neben den wissenschaftlichen Publikationen sowohl allgemein verständliche Sachbücher wie auch Lyrik und geistliche Lieder, Aphorismen und Meditationen. So ist Hans-Joachim Eckstein – über die Universitäten hinaus – vielen durch seine lebendigen Vorträge und frei gehaltenen Predigten sowie durch seine zahlreichen Veröffentlichungen und Gemeindelieder bekannt. Seine

Bücher, die zu einem befreienden und lebensbejahenden Glauben einladen, werden wegen ihres persönlichen und sprachlich gewinnenden Stils geschätzt.

Während das Komponieren, Texten und Veröffentlichen von Liedern in Notenausgaben tatsächlich den Anfang aller Publikationen darstellte (1970/72), wurden neu komponierte und besonders beliebte Lieder von Hans-Joachim Eckstein gerade in den letzten Jahren wieder neu auf Audio-CDs und in Videos mit jungen professionellen Musikern aufgenommen (2015/2017/2019).

Ob in Universitäts- oder Gemeindeveranstaltungen, ob in Sachbüchern oder in lyrischer und meditativer Literatur, Hans-Joachim Eckstein gelingt immer wieder der Brückenschlag zwischen Glauben und Denken, zwischen Universität und Gemeinde, zwischen Landeskirchen, Freikirchen und Gemeinschaften. Gerade mit seinen lyrischen und aphoristischen Texten spricht er zugleich auch viele Menschen an, die sich dem Glauben gegenüber bisher eher distanziert empfanden.

Für seine besondere Basis- und Gemeindenähe in Lehre, Publikationen und Beratung sowie für sein Brückenbauen zwischen wissenschaftlicher Theologie und Gemeindeglauben erhielt er 2008 den Sexauer Gemeindepreis für Theologie. Für »herausragende Verdienste in Kirche und Theologie« erhielt er 2020 mit der Brenz-Medaille in Silber die höchste Auszeichnung der Evang. Landeskirche in Württemberg.

2022 ist ihm für sein herausragendes gesellschaftliches Engagement das Verdienstkreuz am Bande des Verdienstordens der Bundesrepublik Deutschland verliehen worden.

Hans-Joachim Eckstein lebt mit seiner Ehefrau Angelika Eckstein-Hänssler in der Nähe von Tübingen, von wo aus sie ihre zahlreichen Reisedienste wahrnehmen und seine Frau das von ihr gegründete Beratungsnetzwerk für NPOs »Experten-Helfen« organisiert (www.experten-helfen.com).

Näheres zu Person, Veröffentlichungen und Veranstaltungen von Hans-Joachim Eckstein: www.ecksteinproduction.com

VERÖFFENTLICHUNGEN VON HANS-JOACHIM ECKSTEIN

(weitere unter www.ecksteinproduction.de)

BÜCHER MIT GEDANKEN, GEDICHTEN UND GEBETEN

Sorge dich nicht, vertraue!
Gedanken, die tragen
Gebunden, 224 S., Nr. 396.128, ISBN 978-3-7751-6128-2

Wertschätzungen
Gedanken, Gedichte und Gebete
Gebunden, 1008 S., Nr. 396.033,
ISBN 978-3-7751-6033-9

Du bist ein Wunsch, den Gott sich selbst erfüllt hat
Gebunden, 176 S., Nr. 395.421, ISBN 978-3-7751-5421-5

Du bist Gott eine Freude
Glaubensleben – Lebenslust
Gebunden, 188 S., Nr. 395.505, ISBN 978-3-7751-5505-2

Du liebst mich, also bin ich
Gedanken – Gebete – Meditationen
Gebunden, 160 S., Nr. 393.633, ISBN 978-3-7751-5450-5
Als Hörbuch: CD, Nr. 395.168, ISBN 978-3-7751-5168-9

Himmlisch menschlich
Von der Stärke der Schwachheit
Gebunden, 160 S., Nr. 394.502, ISBN 978-3-7751-4502-2

Ich habe meine Mitte in dir
Schritte des Glaubens
Gebunden, 128 S., Nr. 393.538, ISBN 978-3-7751-3538-2

Ich schenke deiner Hoffnung Flügel
Gebunden, 208 S., Nr. 395.656, ISBN 978-3-7751-5656-1

Kurz & Gott – Lichtblicke
Mit Zeichnungen von E. Münch
Gebunden, 96 S., Nr. 64.118, ISBN 978-3-0006-4118-3

Kurz & Gott – Hoffnungsfroh
Mit Zeichnungen von Maria Allner
Gebunden, 96 S., Nr. 835251, ISBN: 978-3-8633-4251-7

Von frisch verliebt bis wohlvertraut
Lass uns Liebe lernen
Gebunden, 176 S., Nr. 395.548, ISBN 978-3-7751-5548-9

Viel Himmel auf Erden
Aufsteller, 180 S., Nr. 629.658, ISBN 978-3-7893-9658-8

Vom Suchen und Finden des Glücks
60 Motive für mehr Achtsamkeit im Alltag
Kartenbox, EAN 425-0454-729-958

SACHBÜCHER VON HANS-JOACHIM ECKSTEIN

Zur Wiederentdeckung der Hoffnung
Grundlagen des Glaubens 1
Gebunden, 144 S., Nr. 393.898, ISBN 978-3-7751-3898-7

Glaube als Beziehung
Von der menschlichen Wirklichkeit Gottes
Grundlagen des Glaubens 2
Gebunden, 170 S., Nr. 394.458, ISBN 978-3-7751-4458-2

Du bist geliebter, als du ahnst
Grundlagen des Glaubens 3
Gebunden, 208 S., Nr. 395.896, ISBN 978-3-7751-5896-1

Wie will die Bibel verstanden werden?
Grundlagen des Glaubens 4
Gebunden, 192 S., Nr. 395.696, ISBN 978-3-7751-5696-7

Zeit der ersten Liebe
Zu einer neuen Ursprünglichkeit nach Kinderglauben
und Glaubenskrise
Gebunden, 160 S., Nr. 396.019, ISBN 978-3-7751-6019-3

THEOLOGISCHE BÜCHER (IN AUSWAHL)

Christus in euch. Von der Freiheit der Kinder Gottes.
Eine Auslegung des Galaterbriefs
Kartoniert, 201 S., ISBN 978-3-7887-2424-5

Kyrios Jesus
Perspektiven einer christologischen Theologie
Kartoniert, 176 S., ISBN 978-3-7887-3109-0

Der aus Glauben Gerechte wird leben
Beiträge zur Theologie des Neuen Testaments
Kartoniert, 276 S., ISBN 3-8258-7036-7

Verheißung und Gesetz
Eine exegetische Untersuchung zu Gal 2,15–4,7
WUNT 86, Gebunden, 307 S., ISBN 3-16-146426-5

ARBEITSHILFEN ZUR BIBEL

Bibel-Anstreichsystem
Mit Verzeichnis biblischer Begriffe
Geheftet, 32 S., Nr. 226.329, ISBN 978-3-417-26329-9

Du hast Worte des Lebens
Bibel-Lernsystem
Bibelkunde nach Schlüsselversen
Geheftet, 24 S., Nr. 394.388, ISBN 978-3-7751-4388-2

BÜCHER UND TONTRÄGER ZU DEN LIEDERN
VON HANS-JOACHIM ECKSTEIN

Wie ein Adler
Lieder persönlich erlebt
Gebunden, 208 S., Nr. 395.789, ISBN: 978-3-7751-5789-6

Liederbuch. Gesamtausgabe
Geheftet, 68 S., Nr. 97.501; ISBN 978-3-00-071368-2

Lieder
Audio-CD, Nr. 097.340, EAN 401-0276-028-079

Wie ein Adler. Hans-Joachim Eckstein
Audio-CD, Nr. 097.383, EAN 4010276028642

Du bist mir so wertvoll. Hans-Joachim Eckstein
Audio-CD, Nr. 091.437, EAN 4010276029496